历史人物经管书系

刘邦最厚黑的草根企业家

跟刘邦学白手起家的高超经营管理

叶元 ◆ 著

企业管理出版社
ENTERPRISE MANAGEMENT PUBLISHING HOUSE

图书在版编目（CIP）数据

刘邦：最厚黑的草根企业家/叶元著. —北京：企业管理出版社，2011.10

ISBN 978-7-80255-901-1

Ⅰ. ①刘…　Ⅱ. ①叶…　Ⅲ. ①汉高祖（前256～前195）—传记—通俗读物　Ⅳ. ①K827=341

中国版本图书馆CIP数据核字（2011）第199894号

书　　名	刘邦：最厚黑的草根企业家
作　　者	叶　元
策划编辑	曹爱云
责任编辑	曹爱云
封面设计	邵士雷
书　　号	ISBN 978-7-80255-901-1
出版发行	企业管理出版社
地　　址	北京市海淀区紫竹院南路17号　　邮编：100048
网　　址	http://www.emph.cn
电　　话	总编室68420309　编辑部68701891　发行部68701638
电子信箱	emph003@sina.com
印　　刷	三河市南阳印刷有限公司
经　　销	新华书店
规　　格	170毫米×240毫米　16开本　13印张　205千字
版　　次	2011年12月第1版　2011年12月第1次印刷
定　　价	29.80元

版权所有　翻印必究·印装错误　负责调换

前　言

　　刘邦乃汉朝开国皇帝，又称汉高祖，汉太祖高皇帝。他生于公元前256年（又有人考察说是生于公元前247年），死于公元前195年6月1日，字季，又有一说原名季。综观刘邦的一生充满了戏剧性和悲剧性，古往今来，有人评价他为伟大的军事家、卓越的政治家、优秀的指挥家，还有人评价他为失败的羔羊，伪善的无赖。

　　到了厚黑学时代，李宗吾大师按照他的观点：厚即像城墙一样厚，黑即像煤炭一样黑来形容刘邦"厚而无形，黑而无色"，至此以来，人们对刘邦的形象大打折扣。流氓、无赖、草根、狠毒、忘恩负义等词汇不断地用在他的身上，人们最容易被一些名人效应所影响。李宗吾被誉为"影响中国20世纪的十大奇才怪杰"之一，他的言语给很多人听觉和视觉带来了冲击。于是，刘邦被戴上了一顶失败者的帽子。草民刘邦与霸王项羽相比无赖形象更是有增无减。项羽像一个没有头脑的孩子，心底很纯洁，不会动一点歪念头，如果让他来做生意，你来买东西保证会给你一个货真价实。而刘邦则不，"厚"的功夫不可小觑，就算是你再羞辱他，他也保证给你一个面不改色心不跳的假象。

　　然而，不管后人如何评价刘邦，身为草根的他最后还是登上了皇帝的宝座，开创了大汉的基业。他的经历成了人们心中的一个谜，为什么一介布衣会坐上皇帝的宝座，为什么一个放荡不羁的无赖可以成为一个企业家？如果把刘邦和项羽看做是一个企业的两个领导人，这两个人都想争取到企业的最终领导权，在选择项羽和刘邦两个人谁该做管理者的时候，我们该偏向谁呢？谁才是现代经济管理学中所说的精英呢？

　　刘邦建立起来的汉朝就是他创造的企业，这个企业规模庞大。从他公元前206年推翻秦王朝到公元前202年一统天下总共用了将近五年的时间，也就是说无赖刘邦用了五年的时间白手起家建立了一个让世人惊叹的名牌企业。这个企业至今还让人铭记难忘。建立一个大企业是很不容易的事情，为什么偏偏一无所有的刘邦可以在重重压力下成就了自己呢？

厚黑的至高境界是"无声无嗅，无形无色"，拥有了如此的境界就可以使人战无不胜，攻无不克，所向披靡。我们在草根的创业中发现了无赖的用人哲学，经商头脑。为何他拥有萧何、曹参、张良等上乘人才后又毫不费力气地从项羽的企业中把韩信、陈平等精英挖了过来呢？这就在于他慧眼识珠，精于用人，善于用人，并且会合理安排岗位，做到人尽其才，才尽其能。同时由于其流氓本色，并不介意忍辱负重，该向比自己有才的人弯腰时绝不硬挺着脖子；该向大智慧者请教时绝不死要面子活受罪。他会想：有才的你尽管来，老刘我绝不会亏待你，即使你是我的冤家哪怕你羞辱我，我亦能厚着脸皮接受你的帮助和指点。在经营理念上，刘邦又展现了他的管理才能，你看他实行的"休养生息"政策，放在现代的企业理念中就是接收一个烂摊子企业时不气馁不懊恼，而是转变思想，打破传统的观念，用一个常人没有想到的新方法来让企业起死回生。可见，作为管理者，刘邦具有一展雄才大略的抱负，他可以站在企业的最高点来考虑经营策略，统筹全局。在刘邦的努力下，他这个流氓团队逐渐壮大，企业走向步步为营，步步为赢的局面。

从企业管理层的角度来看，刘邦是一个深谋远略的高层管理者，他善于抓住员工心声，勇于带领团队挑战困境，喜欢和同行一争高下，遇到问题绝不狂妄自大，见到人才求贤若渴。在创业理念上，他敢于创新思维，敢于用一副"拿老父身家性命做赌注"的精神去拼一把。可见，他虽厚，却厚的成功。

本书共分八章，每章以刘邦的历史事迹为引子，据经引典，重现刘邦马背打天下的奋斗历程，展现其作为企业管理者独当一面的治理之道。全书结合历史与现代经济管理理念来阐述经营中的大智慧，小聪明，在语言的应用上追求语句通俗易懂，言语诙谐幽默，让读者从刘邦的身上看到创建并管理企业的厚黑艺术，从而思索一个企业该如何从失败走向成功。

刘邦在形象上是一个脸皮厚、心眼黑、手段辣的人，然而正是他的这些特点使他成就了历史上的一段辉煌。我们该向他学习些什么呢？请走进本书，让我们从厚黑的代表者身上发掘厚积薄发的精彩。

目 录
CONTENTS

第一章　厚积薄发，闪耀乱世

企业的创建难道要以世人的眼光来评判吗？出身、修养，实力是否只有达到世俗的标准才可以成为人中龙、鸟中凤吗？一个既没资金又没有实力的人在一颗耀眼的星辰落下的那一刻成为了第二个巨人，这是奇迹也是命运，是什么打开了他的成功之门呢？

1. 企业家底大比拼 / 2
2. 手段比拼，适者生存 / 5
3. 当断不断，反受其乱 / 8
4. 舍得一身剐，敢把皇帝拉下马 / 12

第二章　逆境中，彰显本性

心态往往决定一个人一生的命运，积极的心态有助于人们克服困难，使人看到希望，保持昂扬斗志。刘邦自小不被人看好，正如一个人想要白手起家建企业一样，谁都觉得是在开一个天大的玩笑。从刘邦的出生到成年，他一直在一个看似闲散的状态中度过，父母没有觉得他将会是家中最光宗耀祖的人，乡人对他也没有寄予任何希望，这是一个企业家应有的心态吗？

刘邦：最厚黑的草根企业家

1. 乡间出蛟龙，无人识真相/ 16
2. 助秦焚书，不做腐儒人/ 18
3. 释放苦役，剑斩白蛇/ 20
4. 鸿鹄之志，燕雀怎知/ 23
5. 回乡取沛，稳定基业/ 26
6. 大势当前，静观四方/ 28
7. 厚黑无赖，借兵杀人/ 30
8. 厚为隐忍，黑乃韬略/ 33
9. 煮父为羹，攻防策略 / 35

第三章　那不为人知的崛起

小企业要想打败大企业，必须要懂得积蓄力量，在没有任何资本时切忌以卵击石。刘邦唯一的胜利就是垓下之战。在这之前，他一直是众人眼中作乱的不安分子，在军事实力上他没有项羽大，在资金后备支持上他也没项羽强。他的员工不是盗寇，就是捕鱼打猎的，整体的员工素质都很差。然而，他的集团最终胜利了，那么名不经传的小公司是如何崛起的呢？

1. 为做将，厚颜打名气/ 40
2. 甘居弱小，隐忍待发/ 43
3. 区别对策，选取精英/ 46
4. 屡遭惨败，愈挫愈勇/ 49
5. 借助贵人，成就己业/ 51
6. 西去关中，夺城是真/ 54
7. 戏分诸侯，屈辱驶蜀/ 57
8. 明修栈道，铺帝王之路/ 60

9. 楚汉之争，请君入瓮/ 63

第四章　成功的金钥匙

人才是治国安邦的重要因素，是成就大业的必要力量，在企业里人才就像是一个齿轮带动集团不停的向前发展。得人者得天下，失人者失天下。然而又有多少人能够真正地做到？刘邦为其中一人，虽然他只是一个无赖，可是身为草根的他却比更多达官显贵懂得用人。那么刘邦是如何在困境中依靠他人成就自己的呢？

1. 高评三杰，用意自知/ 68

2. 诚留张良，聚散有缘由/ 70

3. 不拘形色，郦食其驾到/ 73

4. 多亏分析，得了陈平一奇才/ 76

5. 暂不计较，巧用韩信/ 79

6. 叛军投奔，我亦容之/ 81

7. 文为师，武为将/ 84

8. 与人才谈待遇/ 87

第五章　谁为高明做嫁衣

中国有句俗话：三分知识，七分人情。在企业这个大集团里生活，为人处事懂得一些方圆艺术会对自己大有益处。刘邦当年还没有足够实力成就大业时，他首先考虑的就是先"傍大腕"，当时最有实力的"东家"就是项梁。刘邦并不是单纯地找个大牌集团好好工作，而是想为自己的弱小暂时找一把保护伞。然而，进大企业的机会并不是每一个人都有的，凭什么刘邦就有了这个机会呢？

刘邦：最厚黑的草根企业家

1. 厚黑，力量增强之源 / 92
2. 职场做人，察言观色 / 94
3. 他人门下，莫要逞强 / 97
4. 初生间隙，巧语哄项伯 / 100
5. 鸿门一宴，顺水推舟 / 103
6. 招收彭越，成皋入囊 / 105
7. 巧封季布，八面玲珑 / 108
8. 栾布哭至交，反拜都尉 / 110
9. 分封王侯，集团定心 / 113
10. 大势将去，心有计谋 / 116

第六章 化茧为蝶，终成一方霸业

心有多大，舞台就有多大，企业建立的好不好，国家发展的兴不兴，是要靠治理才会知道结果的。刘邦自登汉皇位以来，一直在为天下苍生着想。再深究一点，我们也可以认为他其实是为了自己着想，如果不让群臣百姓信服，又岂能保住自己的皇位呢？刘邦深知秦朝灭亡的原因，于是决定做出一番轰动来，这番作为让世人对草根企业另眼相看。

1. 约法三章，昭信天下 / 120
2. 树天子之威，脱粗俗外衣 / 122
3. 娄敬改姓，长安为都 / 125
4. 作律九章，制度为本 / 129
5. 征用儒生，文理治天下 / 131
6. 休养生息，松弛有度 / 133
7. 集中管理，精简诸侯 / 136
8. 统一族姓，意在帝业千秋 / 139

第七章　发展的秘诀

　　企业要想有发展的动力，文化少不了。《展望二十一世纪——汤恩比和池田大作对话录》中对刘邦的思想这样评价道：将来统一世界的人，就要像中国这位第二个取得更大成功的统治者一样，要具有世界主义思想，而在人们能够居住或交往的整个地球，一定要实现统一的未来政治家的原始楷模就是汉朝的刘邦。刘邦不仅是流氓而且是文盲，然而名人对他的评语让我们不得不重审历史。

1. 血统贵贱论，看我来推翻/ 144

2. 御驾亲征，古今第一位/ 146

3. 故里话沧桑，多少豪情在/ 149

4. 季布生，丁公死，忠诚度大比拼/ 152

5. 思秦亡之道，走不同之路/ 154

6. 放权与收权，思想的灵动/ 156

7. 被文化征服，做理念的先锋/ 160

8. 孝字当先，身率示范/ 163

第八章　谁为"草根"企业买单

　　任何事物，当繁荣昌盛过后必然是凄凉的结局，刘邦成就了中国历史上"十二个第一"的辉煌，然而终究难逃王者的悲剧。其实，刘邦马背打江山的曲折一生，恰是一个企业由创立到稳步到昌盛再到滑落的一个过程。现代的企业创建者若能够读懂刘邦的一生，读懂其用人之道和最后悲剧的发生原委，便会让企业充满新鲜的血液，生命力也会更加的强盛。

1. 誓诛异姓王，千朋散尽为哪般/ 168

刘邦：最厚黑的草根企业家

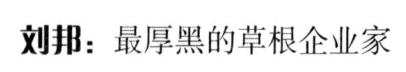

2. 远见卓识，空留遗憾/ 170

3. 时过境迁，王者留下了什么/ 172

4. 后刘邦时代，沙滩上的楼阁/ 176

5. 对决中，谁迷失了战略的双眼/ 179

6. "解禁"自己，让胜利更近一步/ 182

7. 两大集团，谁才是真正的霸主/ 184

8. 高超领导，恩感并施/ 187

后　序

第一章

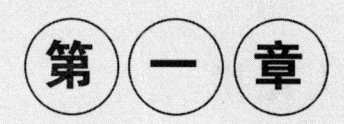

厚积薄发，闪耀乱世

企业的创建难道要以世人的眼光来评判吗？出身、修养、实力是否只有达到世俗的标准才可以成为人中龙、鸟中凤吗？一个既没资金又没有实力的人在一颗耀眼的星辰落下的那一刻成为了第二个巨人，这是奇迹也是命运，是什么打开了他的成功之门呢？

刘邦：最厚黑的草根企业家

1. 企业家底大比拼

公元前256年，他来了。怎么来的呢？有人说他是龙的传人，是刘大妈和龙结合的结晶；有人说他就是一个普通的农民，那这个人是谁呢？他就是刘老四。按照当时的排行，伯、仲、叔、季，他就被叫做了刘季，即刘老四，是一个连名字都没有的人。他以流氓无赖，调皮捣蛋出名。公元前236年，又一个人出生了，他出身高贵，世代长辈为官，他就是"官二代"项羽。项羽以文武双全，才貌俱佳，品性端正出名。为什么要把两个出生年月风马牛不相干的人联系在一起呢？在这里，我们要说的是企业家的问题。

刘邦和项羽年龄虽然有差别，但是性格上的不同可以让我们暂定他们是两个企业集团的创业者。可能一说起刘邦，你会扑哧一声就笑了。刘邦是什么人，也敢做企业家。你瞧他那德行，每日里老爹喊着去上学都不听，把老爹逼急了，拿起扫把就打，这才吐着舌头去学校。教室里板凳还没捂热，就怂恿着同桌卢绾去打鸟闹事去了。稍微大一点就是拈花惹草，只知道好吃懒做，气的刘大叔哀声叹气不知道怎么办好。咱们这时候把刘邦定位是一个无赖加流氓，每天无所事事，好吃懒做。项羽又是什么样的人物呢？小时候就被叔叔送去念书，人极聪明，一学就会。不多久就对书厌烦了，就又去习武，也是一教就懂。武学了一半又丢下不管，去看兵法，悟了一半就又不愿意学习了。虽然项羽总是半途而废，但他热爱学习，悟性极高，人品极好，做事行的端走的正，众人都赞他是个好孩子。

做一下比较：刘邦身份是"穷二代"；项羽实际身份是"官二代"。刘邦的学历：最高为小学水平；项羽的学历：不知，但至少高于刘邦，而且学科广泛。刘邦的为人：泼皮加无赖；项羽的为人：乖巧加正义。刘邦的资金：无，后盾：无；项羽的资金：不可估计，后盾：项梁叔叔。因此，结果是刘邦总体素质不如项羽，刘邦创建企业既没有资金也没有人脉。项羽创造企业既有资金又有后盾，还有大量的员工。该项羽做企业家吧？

哪有那么快下结论呢。咱们还是先了解一下当今经济界是如何定义企业家的基本素质的吧！

首先，要有眼光。刘邦具不具备呢？没见到秦始皇出游的时候只知道玩，看不出来他有啥眼光；项羽也没有看出来有啥眼光。

其次，要有胆量。刘邦和项羽皆有胆量。举个例子，刘邦有胆量冒死做起义军的首领；项羽有冒死说出"彼可取而代之"的豪言壮语。

第三，要有组织能力。两人皆有，只不过刘邦的号召力比项羽大些，一忽悠，各方闲杂人等就报到来了；项羽只是领一些叔叔拨给的骑兵，前期有主动来投奔的人才，然而后期却出现了人才外流的现象。

第四，要有社会责任感。刘邦有吗？估计是有的，要不然是不会看到秦始皇的暴政时心中有火的；项羽有吗？或许有那么一点，但更多的是为父报仇的责任感。

综合来比，谁才是真正的企业家呢？那时候没有人懂得"企业家"这个定义，理所当然的，"穷二代"就败给了"官二代"，刘邦就是一个彻底的混混，失败者。

【典故回放】

刘邦转眼到了17岁，这是成人的年龄界线。刘邦的父亲看着家中其他几个儿子都那么有出息，对刘邦很是担忧，还好他做了一个不是官的官——泗水亭长。正是这个职位让他与张耳、萧何等众多仗义之士做了朋友。萧何当时是

刘邦：最厚黑的草根企业家

刘邦的顶头上司，刘邦不惧法律，屡次犯法。萧何看在同乡的份上都为他瞒了过去。萧何之所以屡次帮他并不仅仅是同乡的情面，而是他看中了刘邦放荡外表下的一颗正直之心。萧何感觉到，刘邦有一种独特的人格魅力，他可以深入人心，既可以聚集起三教九流又可以结交游人侠士，在为人处事上又敢作敢为。在交谈中，萧何又发现刘邦虽然出言不逊，有时候狂妄待人，但对于深入机理的话语能够立刻暗中领悟，或者默然，或者请示。对于刘邦的志向，当时，司马迁在《史记·高祖本纪》里写道：秦始皇出行，允许路人瞻望观看，刘邦有幸挤进人群中，看到了盛大的车马仪仗，精锐的铁骑走兵，远远地又望见了秦始皇的风采，当时步伐就定格住了，感慨至极点："嗟呼，大丈夫当如此也"。也正是这一个不经意的邂逅，未来的汉高祖有了称帝的欲望，并在今后的征战生活中透露出即使再难也不放弃自己梦想的毅力。可见，刘邦虽为农民出身，但却志不在农，他日必要成就一番大事。那个所谓阮籍的评价："世无英雄，随使竖子成名"真是狗眼看人低啊！阮籍思想比较僵化，他连研究都没有，就说不正儿八经的人干不出事业，可见这位仁兄太以貌取人了。

【小中见大】

刘季幼年到青年的生活在很多人的眼中可谓是一无所成，并且行为举止不被乡人喜欢。在现代生活中，有这样一些人，他们自小不爱学习，虽然聪明却调皮捣蛋，无恶不作。然而长大之后，他们却是一个个身价不菲的企业家，世人皆知的老板。曾经的玩伴也许是一个品行兼优，人人夸赞的好儿郎，但在他们走入职场后却没有了学习上的优秀，只成为别人手底下的员工，这是为什么呢？

刘季虽是一个小混混，但他却混出了名堂。他大量结交朋友，为他以后的事业打下了人脉基础。这正如作为一个魅力型领导必须具备一定的人气。现代企业中我们会经常看到，有的领导很受欢迎，有的领导却很令人厌恶，归根到底是他们的领导艺术在作怪。会和下级打成一片的领导往往是受欢迎的，高高在上的领导往往是被众人表面追捧背后吐口水的。刘季这小子虽然是一个不爱学习的人，很显然他的家境也并不是大富大贵，但他慷慨大方，仗义豪情，在伙伴中威信很高，一向是威力四射的孩子王，这也为他以后的创业打下了坚实的后盾。在志向上我们可以看到他是一个不甘于做平民百姓的人，他志在做到秦始皇集团那么大的事业。他的父老乡亲也没有想到曾经不被看好的人今后却成为历史名人。生活才是最好的化妆师，我们不能单看一个人的一时表现，而要看他表面下的真实东西。

刘邦的生活迹象也告诉了企业一个道理，人不可貌相，海水不可斗量。企业在用人的时候，一定不要以貌取人，不要以外人的评价为准，一定要像萧何一样以自己的慧眼发掘人才，爱惜人才。另外呢，对于创业者来说，如果想建大业，那么心中就应该有一个明确的目标，并且深入了解社会的实际状况，摸清企业发展的脉路，并且对所处的环境能够冷静对待，不抱怨不消极，乐观应对，为未来的发展奠定坚实的基础。

2. 手段比拼，适者生存

一个变化多端的人往往是不被世人所喜欢的，一个走的端行的正的人往往是世人期待的管理者。可是企业如果没有那些顺势而变，灵活机敏的人，又怎么能够带领企业在众多的集团中成为佼佼者呢？社会是变化的，企业也是灵动的，若是没有人能够在企业的困境中作出机智的选择，而只是凭借自己的一点傲气和自以为是的实力来应对突发的事件，那么这个企业的命运也就可想而

刘邦：最厚黑的草根企业家

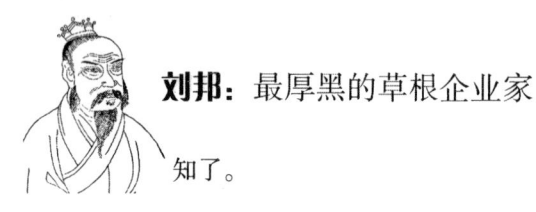

知了。

刘邦是一个做事机灵鬼怪的人，他在处理企业问题时往往是随变化而改变策略。比如说，项羽当年逼走刘邦，让他去四川省那个破地方做官。刘邦当时没有找项羽大发牢骚，而是忍住委屈与不满，策马前往。可是刘邦并不真心服输，你猜他怎么做的？在去蜀地的路上，他一边走一边拆路，表面上给项羽一个假象，让他相信自己是一个真诚接受这个结果，实际上，刘邦是在为以后的反击做铺垫。可见刘邦乃是一个机灵的人。项羽就不同了，遇到问题就想用"正义"两字解决，眼里容不得半粒沙子。鸿门宴上就是因为他不愿意使用他认为是卑劣的手段而使刘邦逃过一劫，但也加速了他的失败。

项羽和刘邦，谁更适合做企业家呢？我们来第二次做一下对比：项羽的为人处事：正义，忠厚，做事一根筋，用两个字代替就是"老实"。刘邦的为人处事：敢作敢为，灵活多变，正义的不正义的手段都会用一下，用两个字概括就是"狡黠"。

我们再联系一下现代的企业，企业是一个发展着的事物，是需要一步一步地往前走的。在这个成长发展的过程中难免遇到一些竞争对手对自己不利的情形，他们所使用的手段也许正是我们所不齿的。如果我们仅仅靠一个"稳重"或者一个"按兵不动"来应对他们，被对手挤下市场的几率就不是1%了。项羽最后被李清照有诗曰："生当做人杰，死亦为鬼雄"。她对他可谓是推崇至极，可是项羽真的有这么值得世人对待吗？也许是在昔日的英勇作战中，也许是在最后那一丝的儿女情长上牵动了世人的情思。可这不是我们对待企业的态度，企业靠情思是无法走向成功的，无法最终屹立于世的。

【典故回放】

汉王三年，刘邦与项羽两军对峙于荥阳。楚军多次袭击汉军运粮通道，使刘邦军队粮草不济，被围于荥阳城。当时，张耳、韩信等人刚刚率军在井陉口大败赵兵，杀成安君陈余，活捉赵王歇。刘邦即时封张耳为赵王。楚国多次派兵袭击赵国，韩信、张耳忙于往返救援，以稳固刚刚取得的胜利，所以无暇顾及荥阳。刘邦四面被项羽的兵包围着，如果以自己的实力去和项羽拼命，无疑是以卵击石，必死无疑。于是，刘邦就派使者20多人到项王营中，要求与项王讲和。然而，项羽想除掉刘邦的决心一定，他根本不理会刘邦的请求。

外没有援兵，内没有粮食，求和又不许，而楚兵围困一日紧于一日，形势真是万分危急。好在刘邦心生一计，利用反间计使项羽对范增起了疑心。范增建议迅速强攻打下荥阳，项羽不予采纳，并且收了亚父许多权力。亚父范增知道项羽不信任自己，一气之下要求告老还乡，在路途发病死亡。

范增虽然被除掉了，但荥阳围困并没有解除。城中粮食一天天减少，刘邦眼看就要揭不开锅了。万般无奈，日思夜想突围的办法，陈平以及其他下属也绞尽脑汁。军中看到粮食中断的情况，顿时上下恐慌，军心日益涣散。一天，陈平看到将军纪信，眼前一亮，一条计谋突然闪现出来。

原来，陈平发现纪信长得与刘邦十分相像，尤其是身材，几乎没有什么区别。这天晚上，陈平首先派出两千多名女子穿着战衣从城东门出去。楚兵一看，连忙四面包围进行攻击。接着，纪信坐着汉王的车驾也驶出东门，一副汉王的打扮。身边的兵士大喊，"城中已无粮食，汉王请求投降！"楚兵一见，连声欢呼"万岁！"庆贺胜利。四周的楚兵都争先恐后地涌向城东观看汉王投降。趁着这当儿，刘邦只带了随从几十人从城西门悄悄出去，一路快马加鞭，仓皇而逃。

项羽听说投降，禁不住心中大喜。当见到纪信，一看不是，立刻大怒，大声喝问："刘邦在哪里"？纪信翻了个白眼，一脸不屑地对他说："大王已经出城去了！你是抓不住他的了"。项羽怒火中烧，命手下将纪信活活烧死。可怜纪信一生仅做了这一件大事就这样死去，真是无辜啊！

刘邦：最厚黑的草根企业家

【小中见大】

刘邦面临困境时并没有哭天喊地地抓狂，相反他先是用正义之士的手段按照人之常情向项羽求和。项羽不听，誓死除去刘邦这个眼中钉，亚父劝导也不听，孤意围困，结果气走范增。而刘邦则见机行事，求和不成，就另想他法，最后巧用纪信，逃出一命。从刘邦和项羽当时的状况来看，项羽集团完全是可以歼灭刘邦这个小集团的，但他不会变通，才痛失良机。试想一下，若是企业在遇到被竞争者围困的情景下还要一意孤行，不愿使一些"雕虫小技"，那么企业就不会有起死回生的余地。企业之间的竞争犹如战场上的斗争，不是你死就是我活，三十六计的兵法也适合拿到企业上用，因此，在企业的竞争中，我们是需要不同的计谋的。总之呢，刘邦利用他的"流氓"本色，劫后余生，而项羽由于性格上的高傲和自以为是，结果失去了一次大获全胜的机会。

企业与企业之间的博弈，斗得不仅仅是你的品行，还有你应变的能力。也许有人会发现那些察言观色，看准时机灵活行事的人在企业中更会讨领导欢心，而那些重视本分，做事循规蹈矩的人往往升迁的机会很少，并且有时候在你不知道做错什么事的情况下就被开除了。刘邦在一生的戎马刀枪生涯中，正是利用他那灵活应变的性情带着企业一步一步走向主动发展的光明前景。

3. 当断不断，反受其乱

懂得儿女情长的男人往往更会讨女人欢心，那些危机之中只顾自己安危，不顾爱人生死的人往往最令人痛恨。有人曾经问过男人这样的问题："当你和你心爱的女孩落入水中时，你们都不会游泳，这时候仅仅有一个人来救你们，但是只能救一个，你会把生的机会让给女孩吗"？虽然这个问题问的有点尖锐，让人不知道怎么回答好，因为每个人的生命都只有一次，谁都想活的时间长一些。但是那些做出"先救女孩"回答的男人会更加地讨人的欢心，因为他们觉得他懂得爱护女人，懂得把生的机会留给自己的爱人。也就是说，懂得儿女情长的人必值得托付终生。

可是，一个想要做一番事业的人关键时刻能因为儿女情长而停止前进的脚步吗？刘邦一生中妻妾众多，但是从来没有因为她们而误了打江山的大事，甚至在关键的时候还把子女推入火坑中。在彭城之战中，项羽以三万精兵大败刘邦。刘邦在逃跑的路上遇到家人，于是就带他们一起走。然而，刘邦担心马车跑得太慢，途中将儿女三次推下马车，还好夏侯婴帮忙才让子女跟随。这是刘邦一生中最大的污点之一。可是，我们要说的是，如果这样就定格了他是否有点不公呢？刘邦是一个有梦想有志向的人，他想要重振雄风，打败对手项羽集团，若想成功，关键时刻就不能被儿女情长所困。虽然，他还是逃了出来，但是，当时的情形确实紧急，一不小心就没有翻身机会。项羽又是怎么样对待儿女情长呢？垓下之战，他四面楚歌，项羽并不是没有机会再翻身的。有一个人可以帮助他过江东，可是他不愿意这样子。于是，一边喝酒一边和心爱的虞姬痛哭流涕，舍不得那个跟随他一生的女子。因此，儿女情长这个词就这样的被定格在项羽的身上了。

结果，我们想都不用想就知道，项羽输给了儿女情长，他英雄也就气短了。于是，年纪轻轻就自杀在江边，真是令人无限的惋惜啊！

【典故回放】

刘邦单方撕毁鸿沟协议后，就开始向项羽挑战。结果激怒项羽，项羽大败刘邦。刘邦没有办法，只好答应与彭越、韩信共享天下。这样，三军合力将项

刘邦：最厚黑的草根企业家

羽孤零零地围困了起来。眼看项羽粮断粮绝，季布劝项羽打开一个出口，冲出包围。无奈项羽再有霸王之勇，也难抵一波又一波的汉军突击。于是转身回到垓下营中，半夜听到汉军响起楚歌，认为自己已经无路可走，于是心中大悲，请出一路跟随的夫人虞姬对饮。

项羽一边喝酒一边对虞姬倾诉心中的苦闷，并悲愤地唱道："力拔山兮气盖世，时不利兮骓不逝。骓不逝兮可奈何？虞兮虞兮奈若何？"在这个时刻，项羽想到的是他的宝马和美人。面对项羽的这种情况，虞姬也悲痛万分，一边起舞一边哭泣。听到项羽悲惨的歌声，她也应和道："汉兵已略地，四方楚歌声。大王意气尽，贱妾何聊生"。虞姬歌罢，拔剑自尽。本来，虞姬是想帮助项羽减轻思想包袱，让他不要为了她一个弱女子而有所顾虑，应鼓足勇气突破重围。哪知项羽看到心爱的人死去，更是没有了一点战斗意志，只觉得自己连一个女人都保护不了，真的很失败。

项羽悲愤之时，连夜冲出军营。在突围到乌江的时候，有一个乌江亭长敬重他，要他渡江以待时日，再振雄风。可是，项羽根本没有东山再起的念头，只是摸着他那心爱的乌骓马，无限留恋地把他托付给想要帮他渡江的老人。

【小中见大★】

垓下之战中，项羽放弃了最后一次崛起的机会，拔剑自刎，可见其英雄气短。

楚军集团最终在项羽这个领导人的手中一步一步瓦解，汉军集团却在刘邦这个领导人的带领下一步一步走向强大。这是为什么呢？世人总结刘邦的失败时也把他没有项羽有女人缘作为一条理由，也就是说刘邦的儿女情长不足以和项羽的儿女情长相比。把刘邦的失败点定在这里可见真的是妇人之见！

成就大事者，凡事要有一个心理准备，我们的思想必须集中在一个目标上，不能被任何的事物分心。在创业或者干其他事情时，我们有时候会发现，家人会成为我们的"拦路虎",并不是说他们对自己不好,而是因为他们和自己的观点不一样。如果我们在家人的影响下思想有所动摇,做事情的时候总会想起家人会怎么怎么样,结果往往就很难达成所愿。

  刘邦没有项羽出身高贵,没有项羽有正义感,没有项羽那样多情,所以他是失败者。但是,从另一方面来说,项羽没有刘邦那么深入民心,没有刘邦那种遇事可以万变的灵活,没有刘邦那种"无赖"的胸怀。我们可以举一个例子来验证,项羽小时候,学一样丢一样,以至于每一样都是学习到一半,惹得项梁叔叔对他很生气,这说明项羽不能够专心致志。我们再结合创建企业个人应具备的条件:给自己定下目标,即做多大的企业。刘邦的目标是建立像秦始皇那样大的集团和名气,项羽的目标是取代秦始皇的集团。这一点上,他们两个都做得很好,目标都很大。另一点上,做企业是需要头脑的,如果你仅仅凭借自己有靠山有金钱有勇气就可以了,那是错误的也是致命的想法。做企业靠的不仅仅是勇气金钱,还要把握市场的行情,真正了解人民需要的是什么。在这一点上,刘邦出身在乡野之间这一条件是沾了很大的光的,因为他长期在乡间对实际的情况都了解得很透彻。因此,在建企业的时候,他很会关心下属,团结人心,知道每个阶层的领导和员工有哪些需求。在这点上面,项羽虽然也有爱怜之心,会看到伤病员的时候落泪并亲自把食物给他们分一些,但还是脱不了贵族之气。他很看不起像刘邦这样的员工,因此,项羽没有刘邦会聚拢人心。最后一点,刘邦建企业的时候,只有一个念头,无论如何,我要建立起我的企业,因此他靠坚强的意志没被家人所左右,而项羽则被一个虞姬和一匹宝马所牵绊,最终也没有放下心中的担忧。

刘邦：最厚黑的草根企业家

4. 舍得一身剐，敢把皇帝拉下马

　　人生的贫寒或是富贵不是我们所能决定的，而贫寒的人并不代表日后没有飞黄腾达的时候，那些生在富贵温柔乡的人也并不见得代代为富。刘邦正是这样的人，他出身贫寒，然而却保持一个平和淡然的心态，经过种种努力最终奠定了汉朝四百年的基业，为后人做出了巨大的贡献。我们今天所说的汉语，就是从刘邦打下天下后流传下来的，一个曾经的"文盲"开启了今日文化的辉煌，我们不能不说这是一个奇迹。

　　项羽呢，这个贵族凭借一时之勇与自以为是不肯灵活应变，最终年纪轻轻就死去，他所建立的企业集团还没有完全绽放就已凋落。我们从这两个人的身上看到了什么呢？自古以来大多数人都是表扬项羽的，什么"力拔山兮气盖世"，什么和虞姬的爱情"可歌可泣""真男儿"等等。是的，我们不能否认项羽的这些形象，也不能不承认他曾经在灭秦中做出的贡献。但是，我们要思索的是，他究竟是不是一个优秀的企业家，一个善于管理的高层领导。另外，我们又该如何看待刘邦这个人呢？

　　"世无英雄，随使竖子成名"这是晋朝阮籍的一句愤怒而无奈的话，他曾经路过广武，在项羽和刘邦昔日激战的地方，感慨无限。在他眼里，项羽应该贵为英雄的，可是却被刘邦这个没有文化没有素质的小人用一些非正义的手段给打败了，可见，我们的社会是没有了人才。

【典故回放】

吕公为了躲避灾难带领家小来到沛县好友家暂居。一次，在家中置办酒宴，负责接待来宾的萧何安排只要是贺钱在一千以下的都坐在堂下去。刘邦其实没有一分钱，完全是来骗吃骗喝的。但他是无赖，他谁都不怕。于是，高喊一声："我出贺钱一万"。大话说出去的结果是他坐上了上席，和高等人士在一起喝酒吃肉。等到宴席散去，刘邦正想开溜，吕公一眼看中了刘邦，觉得他面相奇异。于是决定仔细给他相面，相过之后，心中若有所思，立即决定将女儿吕雉嫁给他。

当吕雉的母亲知道这个结果时和吕公闹，说放着沛县令的贵公子不要，偏偏选择这个整天混吃混喝的连个正式职业都没有的无赖来，岂不是害了女儿。然而，吕公始终坚持自己的想法。最终，年轻的吕雉嫁给了当时已经将近40岁的刘邦。

吕公嫁女的事情传到乡间，很多人都觉得是刘邦捡到了一个大便宜，对他又是嫉妒又是不屑。

【小中见大】

刘邦确实是一个爱说大话的人，也不看看自己的身份就去吃席。可是，我们是否又该从另一个方面去看问题呢？若是刘邦不大胆地站出来说一句大话，他能进入宴席吗？能得到吕公的赏识吗？又能娶回最后帮助他成就大业的美貌妻子吕雉吗？没有大胆一试，是不会有这样的结果的。很多人看待这件事情时往往只看到刘邦说大话的一面，但是从来没有仔细想过另一面，那就是他的大胆给了他机会，这次机会帮助他成就了今后。

刘邦是"无赖"这个称呼最初就有的，不只是后人评价给他的，而是一开始包括父亲在内的乡里人都这样形容他了。可是仔细想想刘邦所做的所有"无赖"的事情，都会有另外的一些闪光点。这些亮点或许并不被人所看到，

刘邦：最厚黑的草根企业家

而正是那些藏在背后的闪光点促使着刘邦向前发展。

在企业的管理中，有时候我们是需要那些敢于"说大话"，敢于出风头的人才，因为他们的大胆或许会给企业带来意想不到的发展机遇。当然，这些大话是要有一定的把握去说的，像刘邦或许他仅仅是靠运气进去喝酒吃肉的，也或许他是为了结交更多的朋友。但是，站在企业的角度来说，我们要学习的是刘邦这种"大话精神"，即敢于抓住任何一次机会。

第二章

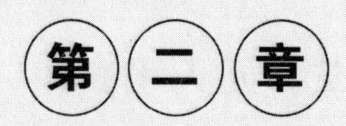

逆境中，彰显本性

心态往往决定一个人一生的命运，积极的心态有助于人们克服困难，使人看到希望，保持昂扬斗志。刘邦自小不被人看好，正如一个人想要白手起家建企业一样，谁都觉得是在开一个天大的玩笑。从刘邦的出生到成年，他一直在一个看似闲散的状态中度过，父母没有觉得他将会是家中最光宗耀祖的人，乡人对他也没有寄予任何希望，这是一个企业家应有的心态吗？

刘邦：最厚黑的草根企业家

1. 乡间出蛟龙，无人识真相

刘邦是不被看好的人最后却成功了，项羽是被看好的，最后却失败了，韩信也曾经被看好过，有战胜刘邦，三分天下的可能性，可是最后他也失败了。论修养，项羽第一，韩信第二，刘邦第三，可是为什么倒数第一名胜利了呢？这里面有一个很严肃的话题——心态。

拿破仑说过："人与人之间没有太大区别，只有积极的心态与消极的心态这一细微区别，但正是这一点点区别决定了20年后两个人生活的巨大差异。"是的，拿破仑的身高从小到大都是别人拿来取笑的例子，可是，正是这具不足一米七的身躯领导了法国大革命，影响了整个欧洲。拿破仑和刘邦都是贫民出身，都被同乡及贵族子弟嘲笑作弄过，他们的成果也大同小异。拿破仑的成功可以用在刘邦身上，他的心态也可以用在刘邦的身上。曾经在一次战役中，拿破仑与敌军作战，惨遭失败，形势严峻，他当时又不小心陷入了泥潭中，浑身弄得都是泥水，但他心中只有一个信念，那就是一定要打赢这场战争，他高呼着"冲啊！"带头往前冲。士兵看到他的狼狈样，都笑了，但是又被他乐观的态度激励着，于是一鼓作气，跟着拿破仑冲向敌人，最终取得了胜利。再看刘邦，他同样具备这个心态，他虽然出生在乡野之间，但是他并不气馁，用一种乐观的态度憧憬着未来能够创建自己的企业。

【典故回放】

刘邦取得天下后,在未央宫庆功。酒宴上,刘邦多喝了几杯后,就开始得意非凡,端起一杯酒走到他父亲的面前说道:"我年少的时候,你说我不如大哥会挣钱,不如二哥会种地治家,总是说我游手好闲,不务正业。其实,父亲你哪里知道我的志向呢?今日,你看到了吧,我挣的钱是不是比咱家老大的多,我治理的家业是不是比老二的大呢?"这一席话说的刘邦的父亲哑口无言,同时心里又有了一丝的愧疚。

想当年,刘邦小时候好吃懒做,整天就是呼朋唤友到处疯跑。那时候,自己生气,不让儿子在家吃饭,儿子就厚着脸皮跑到嫂子那边吃饭,自己对他真的是没有了一点希望。可是现在呢?就是这个最不争气的儿子做成了最大的一个事业,他成了全国都要朝拜的顶级人物。当初真的是不该小看他啊!

当乡亲们听说曾经的无赖坐上了皇帝的宝座,也都惊呆了,过去那个不被看好的小子竟然做了这么大的事业。不过,刘邦倒是心胸大度,没有计较他们曾经对他说的难听话。

【小中见★】

人不能选择命运,但可以选择心态。从刘邦当时的处境来看,是没有做企业家的资本,有时候连饭都要厚着脸皮向嫂嫂蹭,哪有什么闲钱拿来投资企业呢?可是这个人的心态很好,他是怎么做的呢?继续做他的无赖,流氓,舒服一天是一天,也正是他这种不在意出身,不在意一时半会的穷困潦倒心态让他用一种很豁达的方式去认识别人。拿破仑小时候是靠刻苦学习成就自己的,而刘邦则是靠广交好友成就自己的青年时代。无论是家人和乡人怎么对他不满,刘邦依旧是笑呵呵地对待自己的生活。只是他放荡不羁的外表下也多了一个理想,他在等待时机,等待建立企业的最佳时刻。

生活给了我们苦难,但我们要知道对付困境的最好方式之一就是用一种乐

刘邦：最厚黑的草根企业家

观的心态去迎接。同样，在别人认为自己不能开企业的时候，我们也要用一种积极的心态去征服别人，改变别人对自己的看法。

2. 助秦焚书，不做腐儒人

刘邦是很藐视读书人的，他觉得读书之人都带有一种腐儒的气息。在他眼里，多读几天书，还不如多交几个朋友来得快，来得实惠有用。我们知道他小时候是很讨厌读书的，每次和卢绾上学都是还没有上多久就逃课了。那么，我们是否就该认为这样的人就是没有素质，不能做企业家呢？

刘邦的骨子里其实是不喜欢守旧死板，他向往更多的是自由，他不愿意被一些死规矩绊住前进的步伐。他年轻的时候，正是秦朝实施暴政的时候，当时以淳于越为首的儒生呼吁秦始皇给子孙封地并废除严厉的法治，不想惹恼了李斯。李斯是主张废先秦制度的，他开始以种种理由捉拿这些和他思想不符的儒生，导致全国进入了焚书坑儒的严酷时刻。当时的刘邦，一听说秦始皇下了禁书令就异常高兴。他带领部下走街串巷地张贴告示，然后就到读书人家里搜查，把搜查到的书籍一律放火焚烧。对于那些违反命令不愿意交书的儒生，他会用各种无赖的方式让他们颜面扫地。

那会刘邦不喜欢读书，那些儒生们往往会拿刘邦做例子，说什么不好好读书，到时候就会像刘邦一样四处闲逛，没有任何的知识和修养。刘邦对于这些人的话从来不放心上，他对这些儒生们没有好感。手无缚鸡之力，只会纸上谈兵，没有一点创新意识，也没有一点气派，让人觉得文绉绉的。

刘邦在焚书上到底是向了秦朝，然而他是真的在帮助秦朝吗？其实，刘邦焚书仅仅是因为他不喜欢读书，不喜欢脑筋一根筋的人，只想做个样子让他们瞧瞧读书是没有什么出路的，话说多了还会招来杀身之祸呢。焚书这件事情让刘邦在沛县大大风光了一把。然而，刘邦此时此刻的心态又是如何呢？他是真的在过一个无忧无虑的生活吗？其实他此时已经轻微地嗅到了秦朝暴政带来的可怕气息，他在期待着什么。

【典故回放】

公元前208年，刘邦率军西进攻打咸阳，途中路过高阳，就在这里歇息。别看刘邦的文化知识不高，但是每到一个地方他都会先结识当地的英雄豪杰，以便给自己增加实力。当时有一个骑士在刘邦处当差，高阳是他的老家，于是顺便回家探望了一下。在高阳有一个60多岁的学者叫郦食其，他生性孤傲，学识很高，为人怪异。由于他看不起那些生性急躁，心胸狭窄的人，所以一直没有受到官府的重用。他在不久前听说刘邦虽生性好吃懒做，但为人豪放重义气，又加上刘邦起义的事情受到广大人民的欢迎，因此对刘邦有一丝的敬佩。刘邦来到高阳，郦食其觉得明主来了，于是就上门找到骑兵让他转告刘邦想去见他。骑兵一听就摇头了，说道："您老可别说是儒生，我们老大最不喜欢的就是儒生。曾经见到一个儒生，由于觉得他腐朽，就取下他的帽子，往里面撒尿，跟儒生说话往往是破口大骂。"还好，郦食其是一个有思想有智慧的狂生，告诉骑兵，让他转告刘邦，就说是一个身高八尺被人称作"狂生"的老儒生来求见。

刘邦真的对"别人说的狂生"感了兴趣，于是召见郦食其，但是方法很是独特。他依靠在床上，两边各站一名女子为他洗脚。按照当时的习惯这样见客是一种很失礼的方式，尤其是一种藐视知识分子的做法。刘邦开口的第一句话就是："喂！你有什么本事啊？说说看。"态度是相当的不好，可见，刘邦是多么的不喜欢儒生。

刘邦：最厚黑的草根企业家

【小中见大】

从刘邦藐视儒生的过程中，我们可以看出他性子里的一种野性。他想用一种实际行动的方式来创建企业，而不是用别人的理论思想来束缚自己。刘邦对儒生的态度或许是过于偏激了些，但是用现代经济理念来看，刘邦是一个懂得灵活多变的人。在儒生面前他保持着一个自我的心态，绝不让自己的思想受到别人的约束。因此，在他创建集团的一生中，刘邦没有像项羽那样受到条条框框的羁绊。当然，这并不是说刘邦是一个不懂得文化重要性的人，在后来他推崇孔子儒家学派的时候正反映了他对文化的关怀。只是，在刚开始创办企业的时候，他需要一种无拘无束的心态来完成他的大事而已。

3. 释放苦役，剑斩白蛇

懂得在危机时候保持一颗镇定的心，及时地做出一个重要的决定，这对于每一个创业者来说具有重要的作用。另外，能够在困境中了解到其他人的感受，并及时地和他们站在一起，顺从广大民心。这样做不仅仅可以让自己在初创企业时用一颗仁爱之心免费拉拢一些员工，还可以让自己迅速地认识到一个人力量是不能够使自己强大起来的。

刘邦就是这样的一个人，可以在危机四伏的时候做出一个响当当的决定。作为泗水亭长，他有这样的一个责任，即押送劳役去规定的地点义务为秦始皇造宫殿，修长城。有一次，又碰到了这种事情，当时秦始皇的暴政已经让天下人震怒，苦役已经被折磨的受不了了，这些人往往是有去无回，因此，再次征劳役的时候人人都唯恐避而不及，也就出现了凑不够人头的现象。刘邦也遇到了这种情况，不过还好，他勉强凑够了人手，可是在从沛城至丰西泽中，仅百里之途便逃亡纷纷，人心思叛。按秦律，劳工有逃逸者押送人当斩。刘邦见情形不妙，虽然好言相劝役工，但由于人心惶惶，没有一个人能够听的进去。刚开始还能听进去安慰，可是再走一段路，又是逃亡了大半。因此，刘邦决定不再前行，令众人歇息饮酒。当天夜里，刘邦释放徒众，宣布将从此潜藏，招募有志向者，一起反抗暴秦。以樊哙为首的十几个义士觉得刘邦是一个识得大局的人，于是决定跟着刘邦做一番大事业，这即是刘邦的首批企业员工。

从"丰西泽"纵徒这件事中我们可以看到刘邦是一个遇到突发事件不急躁的人，并且可以保持一个冷静的心态，善于分析时局，懂得如何做才会是最妥的。对于企业来说，在时局不稳定的情况下，看清利害关系，懂得孰轻孰重，是最关键的事情。

【典故回放】

刘邦在大泽乡放了苦役之后就带着十几个愿意跟随他一起去的义士匆匆逃命。夜晚，在沼泽小路上歇息的时候，一名壮士来报说前面有一条白蛇挡住了去路。刘邦当时喝了点酒，已经有些醉意，于是，站起来说："什么蛇？看我怎么去对付他"。刘邦大步流星地走到白蛇面前，一看一条又粗又长的大白蛇正对着他吐舌头。刘邦的酒顿时醒了一半，心里有些害怕，但又不好意思逃跑，既然都已经夸下了海口，于是拔出从小就佩戴在身的佩剑一狠心对着那具粗大的躯体砍去，结果一下子把白蛇劈为两半。众人对于刘邦的勇猛更加地佩服了。

刘邦走了一段距离后，酒劲上来，困意也袭来，于是倒地而睡。迷糊中听到一位老妇人的哭泣声，睁开眼睛顺着声音来到斩蛇的地方，发现是一位老婆婆正抱着白蛇痛哭。刘邦奇怪地问道："你哭什么呢？"老婆婆说道："有人将

刘邦：最厚黑的草根企业家

我的儿子杀死了，我所以才哭。""何以见得你儿子被杀？"樊哙问道。老婆婆又说："我的儿子就是化成白蛇的白帝子，刚才被赤帝子杀死了"。刘邦一听心里觉得飘飘然的，心情更加的舒畅和乐观，对以后将要发生的事情就更加有了目标。

【小中见大】

对于刘邦释放劳役的事情，很多人会认为这是他被逼无奈。确实，刘邦是没有办法才这样的，在秦朝那个严酷的法治下一旦所送的劳役人数不对，押送劳役的人也会按照律例处死，而那些服役的人也将会在长期辛苦中体力耗尽而死。或许换成另外的一个人来押送劳役，说不定也交不了差，但他绝不会像刘邦这么义气地将人放掉，杀掉也是有可能的。而刘邦这样做不仅没有得罪劳役，相反获得了一个企业刚开始创建时的人手。

刘邦斩白蛇的事迹似乎与刘邦创建企业没有多大的关联，但是，当我们静下心想一想的时候，我们会发现这里面有一个必然的联系。刘邦斩白蛇时虽然心情在最初是有点不安的，但立即就镇定下来，而他释放劳役的时候也是保持了一颗沉稳而又冷静的心，并且还带着一种放了人心中也畅快的感觉。我们要从刘邦身上学习的就是那一颗冷静的心，那一个沉稳的性格。集团的创建不是一天两天的事情，尤其是当集团的雏形连影子也没有的时候，更要小心行事，以防那个伟大的梦想被扼杀在生成之时。

4. 鸿鹄之志，燕雀怎知

  凡是想做大事者，心中必定有一个梦想，这个理想可能会在很早的时候被别人所知，也可能是要遇到一定际遇时才爆发出来。无论是两手空空还是家产万贯的人都应该拥有自己的想法，应该给自己制定一个目标找一个事做，这样才不会沉沦下去。然而，对于很多人来说，两手空空，四处闲逛的人也有大志向简直是一个笑话，大多数人的思想都会把梦想定格在那些努力学习，踏实能干的人身上。正所谓："一步一个脚印"才能更加扎实。

  刘邦是属于哪一种人呢？他是属于遇到际遇时才把梦想爆发出来的人。际遇就是看到秦始皇出游时的壮烈场面和秦始皇的威严仪表时，然而，这个际遇来的有点晚。这个梦想爆发的时候，他不仅家徒四壁，而且年纪已经不小了，差不多是奔50的人了。在这里，咱们应该聊一聊贵族和贫民的梦想。西楚集团的领导项羽是一个贵族吧？他少年的时候也见过一次秦始皇，他当时说出的话语是这样的："我可以取代这个秦始皇"。刘邦呢，他见到秦始皇的时候又是怎么说的呢？他无限感慨地说道："哎呀！大丈夫一生就应该如此"。我们把这两个梦想来对比一下。刘邦的话应该这样理解，大丈夫的一生就应该像秦始皇这样尊贵有地位，也就是说他的梦想是建立一个像秦始皇一样大的集团，威震四海。咱们再探讨一下贵族项羽的梦想，项羽的理想就是："我可以取代秦始皇的帝位，统治他打下来的江山"。同样都有篡位的意味，但是，实质却不是一样的，刘邦是想靠打仗扎扎实实地把秦始皇的位置换成自己思想中的东西，而项羽则是想凭借武力占有秦始皇的东西。另

刘邦：最厚黑的草根企业家

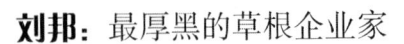

外，项羽的集团并不是自己亲手建立起来的，而是叔叔项梁在世的时候就有的。叔叔在世的时候，项羽带的员工是叔叔拨给他的，项梁死的时候，接手的又是叔叔留下来的军权。因此，在对待集团员工的时候，项羽没有和员工一起真正生活的亲身体验，这也就导致了他只会按照自己的理念用人。话又说回来，这两个人都是有大志向，然而结果是刘邦大获全胜，项羽兵败自杀，这又是为什么呢？

刘邦和项羽都是有着大志向的人，然而两个人的心态却是完全不一样的。刘邦首先是保持了一个"无赖"的心态，无赖并不是奸刁、撒泼的意思，而是指游手好闲，好吃懒做的意思。刘邦并不是纯粹的就做无赖，在他的生活中，他结交朋友豪爽。正像易中天老师对无赖所做出的评价："第一，他们反正白纸一张，想什么也是白想，就不妨想大一点，比如'弄个皇帝当当'。有此念头，又有机会，没准真能'心想事成'。第二，他们一无所有，一旦有了，多半是不义之财，或白捡来的，反正不是自己劳动所得，也就并不心疼，不妨'千金散尽'，博得'仗义疏财'的美名。第三，他们自己一身都不干净，哪里还会挑别人的毛病？自然特别能容人。何况他们是从最底层上来的，也最懂得世态炎凉和人间疾苦，知道人们追求什么惧怕什么，要收买人心，总是能够到位。有此知人之心容人之度，再加上豪爽豁达出手大方，便不愁买不到走狗雇不到打手，也不愁没人拥戴没人辅佐。"刘邦就是这样的人，他就是在这样的心态下成就自己的。

【典故回放】

陈涉即陈胜，是现在郑州登封的人，年轻的时候在富人家做雇工，给人耕田种地，常年吃苦受累，心中很是不满。有一次，在耕作休息期间，陈涉抑郁地对一同耕地的伙伴们说道："将来咱们不管是谁富贵了都不要彼此忘记。"伙伴们听了冷笑起来，都认为他是痴人说梦，大白天做癞蛤蟆想吃天鹅肉的

梦。于是回应他道："你我现在穷成这个样子,都是靠雇佣耕田来养家糊口的,哪来的富贵呢?"陈涉长叹一声道："麻雀、燕子怎么能够了解到大雁和天鹅的志向呢。"

【小中见大】

在这里面我们讲到了鸿鹄之志这个典故,有人会质疑不是在讲刘邦成功建立企业的心态问题吗,怎么又讲到了陈涉的梦想呢?这不是偶然,也不是失误,而是想要把梦想与心态结合起来了解刘邦。陈涉有着鸿鹄之志,这正是刘邦的志向,他同样有着如此的抱负,然而陈涉起义没多久就失败了,而刘邦则在失败中成功了。之所以出现这种情况除了陈涉没有一个目标参照物原因之外还有着心态因素。陈涉起义刚刚胜利,还没有完全地打开天下的稳定大局前就自己称王称霸了,这表明了他的志向仅仅停留在一方为王上,心态浮躁,自认为自己功高无上。而刘邦则遵守步步为营的规则,一步一个脚印地往前走,对于成功并没有多大的喜悦和骄傲,对于失败并不气馁,一直都是按照一个平和的心境向着自己的理想迈进。

从刘邦梦想的际遇中,我们可以看出当初的刘邦不是没有梦想的,只是他的梦想一直压在心中,并且没有一定参照物。当秦始皇出现的时候,他的眼光就放大了,本是一个没有读过多少书的人,素质不高,平时与朋友在一起的时候是嘻嘻哈哈的形象,说话也是有一搭没一搭的。但是呢,看到秦始皇出游的气派和壮丽豪华的场面,刘邦顿时傻眼了。这个时候,他心中的企业形象立刻浮现在眼前,他说出了一句很有水准的话:"哎呦!大丈夫一生就应该是这个样子的"。

从这句话中我们可以看出,刘邦的梦想是在心底里酝酿着呢,只是他没有办法用言语来表达自己的这个志向。刘邦是一位智者,他懂得梦想的伟大,因此他在寻找一个参照物。事实证明,陈涉由于见识短浅导致建立企业不成功,

刘邦：最厚黑的草根企业家

根本就没有办法和刘邦集团相比，而刘邦建立起来的集团和秦始皇集团相比有过之而无不及。

5. 回乡取沛，稳定基业

有时候一个小小的胜利可以带给我们无限的欢乐，使我们的信心大增。在企业的攻坚阶段，我们也许会有很多小成功和大失败，但是对于小胜利我们要保持一个不骄不躁的心态，对于大失败我们也不要乱了民心，慌了脚步。重要还是两个字，一个词——心态。

刘邦是怎样对待小胜利呢？当然开心，欢乐是少不了的，信心也会增加，但更多的是激励他往更大的胜利迈进，对于失败，也是同样的道理，不气馁，继续再接再厉。反秦的趋势越来越猛，沛县的县令本是秦朝的一名低级官吏，由于他害怕自身难保，因此就想召集乡里的人一起造反。这时候，萧何、曹参是县令的两把手，他们建议县令召回刘邦，让刘邦带领众人起义。县令想了想利害关系，于是就答应了召回在外面流浪的刘邦。谁知道县令在刘邦回来的路上思想有了变化，如果刘邦带领众人造反，到时候不听自己的怎么办，本来是自保，到最后会弄得自身难保。再加上刘邦带的那些人可不是一般的人，大都是逃犯之类的，翻起脸来命很容易就丢了。于是县令关起城门，并想杀掉萧何和曹参两人。萧何早就觉得县令不是什么好主子，于是和曹参连夜逃出城去，向刘邦报告了县令反悔的消息。刘邦本来听樊哙说召集他们回乡起义，结果听到的是县令反悔的消息，立刻心中有怒气了。回到乡里后，联合众人一起把沛县令给杀死了。

刘邦本来是一个逃犯，现在又杀了沛县县令，就算是自己不起事也会有人找上门了。因此，刘邦干脆横下心来，干一番轰轰烈烈的大事来。在这次起义中，刘邦的员工逐渐地多了起来，暂可以称为是刘邦除恶有限公司，刘邦的公司在努力中开始有了进展。

【典故回放】

刘邦在半路上听说县令要杀他的消息立刻就行动起来，他用弓箭将一封信射到沛邑的村里。这封信是写给沛县的老百姓的，意思就是说秦朝实行的酷刑，让天下人民苦了很久。现在，大家为沛县的县令守城，而天下的趋势是，诸侯并起，早晚有一天，诸侯会杀到沛县，到时候全部人家都会遇到大的灾难，不如先把沛县令杀死，再拥立一个领袖带领大家响应诸侯，这样大家都可以自保。乡里的人看到这封信想想觉得很对，于是几个年轻气盛的小伙子冲进沛县令的居住地，杀了这个自私的官员。

下面就是该谁做沛公了，乡亲们的意思是欲立刘邦。刘邦假装推辞道："天下诸侯纷起，我们需要寻找一个有能力的人带领大家，这样才不会败得一败涂地。我没有这个能力，怕是辜负了大家的心愿。"萧何和曹参深知一旦没有合适的领导人，这个地方的人怕是不能再活下去了，于是依靠他们在群众心中的地位又联袂让刘邦出任沛公。萧何和曹参都出面说话了，再加上大家的诚意，刘邦推辞不过，心中很高兴地接受了，但表面还是装着推辞的模样。这是刘邦第一次在这么多的人面前出风头，因此，他感觉甜滋滋的，心里有着从未有过的自信。

【小中见大】

其实，我们每一个人生来都是带着一个使命来的，你能否在有限的生命里去完成，不仅仅要看天时地利人和，还要看自己的心态如何。刘邦是一个赶上时机

刘邦： 最厚黑的草根企业家

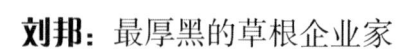

的人，利用了反秦的风暴拉起了一支队伍来为自己建企业。然而，为什么偏偏选中了刘邦做沛公呢？通过分析，我们不难发现像萧何和曹参他们虽然都比刘邦的地位高，但是他们没有足够的胆量，没有足够的信心，害怕起义失败后秦政府对他们进行打击，杀害他们全家。而刘邦不同，他是一个逃犯，曾经有"丰泽西纵徒"的反秦行为。因此，即使他带领大家反秦了也没有什么好担心的，再加上那种外表放荡不羁内心却有着强烈欲望的人，有着足够的胆量去做一切的事情。不过，这正是一个互补，刘邦性格大胆勇猛，而且心态又好，而萧何、曹参则瞻前顾后，遇事的时候心中会有所顾忌，这几个人站在一起创建集团倒是不错的组合。结局我们不必再去探究，反正，刘邦已经走出了创建企业的第一步，第一批员工是和他同样没有创业经验但有着创业热情的人。

6. 大势当前，静观四方

我们经常说时势造英雄，如果世人硬要说刘邦不配做英雄，那么咱们暂且把他称为枭雄。枭雄也是一个很了不起的人，曹操就是一个枭雄，虽然名声上不好，但不也建立了令万人瞩目的企业吗？刘邦是一个有大志向的人，在大势当前不会心神俱乱，这正是他成为企业家的一个优点。

刘邦刚刚带领一帮人马在沛县立住脚后，反秦的势力就已经有了很大的变化。先是陈胜兵败，后又是陈胜派出去的大将周文遇到敌手章邯。众所周知，章邯是秦军中一个骁勇善战的将领，周文的军队虽然也可以称得上所向披靡，但最后还是在骊山打了败仗。与此同时，各路起义军也纷纷败退，时局对于起义军来说非常不利。这个时候，刘邦的企业还没有和任何人建立起友谊关系。

当时，情形非常的糟糕，除了秦始皇大量派兵镇压起义军外，起义军与起义军之间也相当不团结，出现了弱肉强食的趋势。刘邦的心也很不安，因为他的大本营被秦军一举摧毁了，而他当做好友看待的雍齿也背叛了他，此时刘邦就像是一只惊弓之鸟。

这样的时局对于想称王称帝的刘邦集团来说是相当的不妙，然而这个时候刘邦并没气馁或者是胡乱做出决定。他在慌乱中镇静了下来，努力了三次，才把失去的大本营丰邑收复了回来。刘邦不像其他起义军一样，一看局势没有办法控制了就急忙择枝而憩，而是静眼观望。他在寻找一个目标，那就是找一个值得借助的力量。这个人终于出现了，那就是人人都想依靠的大集团——项梁企业。

【典故回放】

雍齿背叛刘邦之后，刘邦并不是没有慌乱过，他一开始投奔的是战国时期楚国的王族后人景驹。可惜景驹还没有腾出手来拉刘邦一把，秦军就杀了过来。刘邦看景驹集团的实力不行，就非常坚决地撤出了自己的团队。

后来，刘邦用一颗非常冷静的头脑想了一下。"楚虽三户，亡秦必足"，这三户中就有一个项梁集团。当时项梁是最大的一个反秦起义军，项梁和他的侄子项羽都是有情有义的正义之士。而且项梁的军队很强大，军纪也是数一数二的，深受广大民众的拥护，不像刘邦的团队是一个没有正规秩序的乌合之众。于是，刘邦决定投奔项梁，靠一个大集团来帮助成就自己的企业。当时，投奔项梁的还有一个陈婴，陈婴本想称王的。他母亲知道后说道："自从我嫁到陈家以后，从来没有听说过祖先有富贵的人，现在突然有人想让你称王，这是一个不祥的预兆。你不如去投奔他人，事情成功了还可以封侯做官，如果事情失败了也不会很容易灭亡。"陈婴心中就开始胆怯了，心里想想确实自己的胆量不足，不如带领这些员工去投奔他人吧！打个胜仗立个功或许封个官做做，失败了矛盾的箭头也不会指向自己。

刘邦：最厚黑的草根企业家

陈婴与刘邦都打着算盘投奔项梁，只是他们的目的不同，正是这个目的不同，让他们两个的命运有所区别。刘邦是为了收回丰邑，为以后称帝打基础，他带着一种野心也带着一种理性来到了项梁军队里，为今后的日子开始打起了如意算盘。同时，项梁也接收了黥布，不仅项梁壮大了力量，不同心境的人也都找到了一把保护伞。

【小中见大】

学会在危机时刻找到同盟这无疑是一个好办法，当一个小企业没有办法抗衡行业对手时，就应该寻找一个实力雄厚的集团来依靠，从中学会他们的经营理念，然后瞅准时机再分离出来。当时的刘邦就是这样一个思想，我们不能否认其想法有那么一点不地道，但是，大凡企业的建造不都是这样起来的吗？

那么，在选择靠山的时候，我们该保持一颗什么样的心态呢？刘邦这人的心境确实不是一般的好，遇到大事小事，心中都会很快地镇定下来，然后再仔细地推敲琢磨，比如投奔项梁集团。他把原委利害都分析得很透彻，然后才很坚决地走进了这个大集团，先做一名基层领导人去学习大企业的经营理念，为自己以后的成功奠定基础。

7. 厚黑无赖，借兵杀人

厚颜无耻往往是形容小人的，说他们脸皮厚，什么事情都做得出来。其实，在建造企业的初期，我们是需要一些厚脸皮的人。因为从企业这一方面来

看，厚颜乃是一种不怕被人耻笑的心态，有了这种'厚'的面罩，才不会让别人轻易把自己打败，才不会让别人轻易地就把自己骂下阵来。

刘邦在雍齿背叛之后，心中就对这个朋友有了不满，当初若不是雍齿心胸狭窄，自己就不会那么快失去丰邑。刘邦决定借助他人力量收回自己的大本营。《兵法三十六计》中有一个计谋借刀杀人，本是形容借助他人或者他人的势力，自己不出手去把眼中钉除掉。现在，刘邦灵机一动，自己的势力抵不过雍齿，但是靠山的力量是绰绰有余的，何不依靠他人的力量来帮助自己打一个胜仗呢？

刘邦有两个靠山可选，其中一个是三楚之一的景驹。以刘邦之意，借兵只是小事，如何依靠强势力量为自己谋取利益，奠定集团之基才是重中之重。目前景驹虽比不得魏、赵等国，但是魏国入侵，已与景驹成为敌人，敌人的敌人就是朋友。再说田儋与周市是冤家，但田儋是否看得上自己还是另一回事。张耳、陈余虽与自己交好，但武臣一死，李良降秦，赵歇刚刚上位，赵国仍处内乱边缘，张陈二人即便有心相助，也无一兵一卒可派。能助刘邦者，唯有景驹。此时，吕雉也帮助刘邦分析了大量的道理，说景驹目前也正需要像他们一样的起义军，如果互相帮忙，说不定大事都可以成呢。刘邦于是决定带领萧何和樊哙等人一起去投奔景驹。萧何虽然舍不得已经经营得很好的沛县，但还算是个明白人，横下心和刘邦一起去投靠景驹，路上又遇到也想要投奔景驹的张良。刘邦又和张良结下了很深的缘分，以致以后有了"三留张良"的佳话。张良带一队人马想投奔景驹是想以后复兴韩国，于是和刘邦有了共同的目标一起向景驹的部队奔去。

然而，很不幸的是，秦朝官员虽然很弱，但是军队还是很强大的。景驹虽然势力已增，但有一名叫章邯的秦军将领领军队大败了景驹。希望之火才刚刚在刘邦的心中燃起就又被扼杀在了萌芽中。刘邦很快镇定下来，想下一步该投奔谁，结果分析之后决定向项梁集团借兵。当然，直接说出来是不好的，刘邦是懂得方圆艺术的领导，因此，他采用褒扬人的方法先把项梁说的心里舒畅了，然后再帮助项梁分析了一下当今的局势，最后才说出自己想借一点人手收

刘邦：最厚黑的草根企业家

回曾经的大本营。项梁好话也听了，当然很乐意地就把兵借给刘邦了。

人生在世，无论是做什么事情，学会看准自己的实力，不自不量力这是最重要的了。

【典故回放】

刘邦与项梁在薛县城中相见，项梁见了刘邦，心中也暗暗赞叹，好一个俊朗人才。二人相互叙礼罢，项梁说道："早先听说沛公领军起义，打败过很多次秦军，可以给我讲讲你的经验吗？"刘邦明知项梁是在试探他，于是说道："项将军有所不知，秦朝官员虽然昏庸，但是秦军还是不可小视的。他们人多，力量也大，若是小看他，必然是螳螂挡臂，不自量力啊。现在各诸侯纷纷独立，确实不是一个很好的办法啊！"项梁表示同意，"沛公说的非常对，现在我正想联络诸侯，共同来反抗秦朝的暴政呢。"刘邦开始了分析："合兵一事，必须要能担大任者去做，想那秦嘉，确实不义，擅立伪主，三楚之士谁能服他呢？这也是我弃他而去的原因，并不是我不讲义气，实在是大局当前，要看准共事之人。项公祖祖辈辈都是楚将，凶猛善战无人不知，无人不晓，并不是我刘邦在此大话，确实是会盟之君非项公莫属啊！"

项梁听到这样不露声色的夸赞话，当然是很开心了。刘邦凭借他那三寸不烂之舌接着往下说道："我想了想，大局当前只有项公一人能担当此任，因此，赶来会盟，想拜在项公门下，不知道项公会不会嫌弃我这个粗俗之人。"项梁见了这么会说话的人当然是欢喜得很，于是刘邦又进一步说道："只是有一件事情对我束手束脚的。我本来有一个好友，我对他算是很好的了，只是他没有良心，在我反抗秦军时他背叛了我。这个人很奸诈，我怕以后对项公也有所阻碍，我想向项公借兵去攻打他，好一心跟随主公。"项梁立刻答应道："这就给你五千兵马，怎么样？"刘邦心中大喜："得了主公这一大恩，今后一定会好好地跟随您。"

就这样，刘邦借来了项梁的五千兵马，又得到英布一千军马在背后相助。雍齿还没有和刘邦正面作战，看到这样的仗势就丢下城池逃命去了。

【小中见大】

刘邦借军这一事件在很多人眼里觉得是不可思议的，因为一个不起眼的小集团竟敢登门拜访那么大的一个企业，并且一开口就是让对方给自己帮助。其实在这里面，我们看到的是刘邦所具有的心态，他并没有为自己的力量微弱感到自卑，相反认真地思考过之后，以十足的信心去向一个名牌企业借兵。在他的思想里，布衣也可以做天子，也就是说人是没有地位高低之分的，因此刘邦就是靠着被当时不认可的"厚颜无耻"观念借到兵的。

刘邦靠语言技巧和勇气借了兵，他虽然也知道求助于人不好，心中也会有那么一丝的不舒服。可是，他最终还是以一种"我就是想加入他的集团学习学习，这点小事对项梁集团来说根本不值得一提"的心态，一咬牙，一狠心就去向项梁集团借兵了。

现代的企业家是不是也该向刘邦学习一下呢？放下面子和自尊心，学习别人的长处，该向人求教的时候不要那么死板，灵活一点对自己还是有好处的。

8. 厚为隐忍，黑乃韬略

刘邦是出了名的忍耐家，在他创建企业的一生中忍过大大小小的事情不止一件两件。正是他的这种超乎常人的忍耐力帮助他打败了不懂得忍让之道的项

刘邦：最厚黑的草根企业家

羽，最终建立起了汉朝大业。

公元前 201 年，项羽被围困在垓下，面临四面楚歌的境况，这段历史大家都很清楚，在这里就不多说，我们的重点是放在项羽本身心态上。项羽本来是有机会再过江东，重建大业，东山再起也不是不可能的。可是项羽这个一出生就当领导，没有和员工共同生活过的贵族公子受不了被人看不起的眼光，脸皮是相当的薄。于是，尽管心有遗憾，还是拔剑自刎了。我们为什么会说项羽失败呢，是因为他确实不能忍耐，刘邦正是捏中了他这一个要害，想尽办法让他走向绝路。刘邦则不是这个样子，他很会忍，就是不会忍也被张良说教的会忍了。他在项羽集团时常常忍受项羽的不屑目光，在韩信想山中称大王时忍了，在鸿门宴上也忍了。总之，在大事上刘邦都是有忍的能耐，即使心中再火也不会在其他人面前表露出来。

【典故回放】

雍齿和刘邦本来是同乡，雍齿出身比较好，受的教育也比较多一些。他很看不起刘邦，总认为刘邦是一个"吹牛皮不上税"的家伙，是不能成就大事的人。

刘邦有一次和张良散步，听到很多还没有给论功定位的大将们在议论纷纷。刘邦就问张良他们在讨论些什么，张良告诉他说是因为封赏的事情。刘邦是个明白人，知道了这些大将们的想法。当初，刘邦接受雍齿是因为他还对自己有用，不管自己如何不喜欢他，但还是要忍一口气。如今看到大将们人心不定，于是决定再大度忍耐一次。三月初，刘邦大摆筵席，封雍齿为什邡侯，食邑两千五，位居五十七，也就是说他的功劳很大，并当众宣布会抓紧时间为大家封官定爵。各位将军一看都给曾经陷刘邦于不仁不义的雍齿封侯了，那么离自己封官的时候也该到了，到时候刘邦绝对不会亏待自己的。

喝完酒后，众人心中都喜滋滋的，"雍齿且侯，吾属亡患矣"，皇上最厌恶的人都封上这么大的官了，咱们还有什么可害怕担忧的呢？

刘邦是个直性子，他对谁有不喜欢都会表现在脸上，在一开始，众人就看出了刘邦对雍齿的厌恶。可是，刘邦在和张良的对话中，却说："雍齿与我有故怨，数窘于我。"（雍齿从小到大和我都过不去，老子都恨死他了）。可是在言语中又说道："我想要杀他，但是他的功劳太大，我又不忍心了"。

【小中见大】

刘邦虽然封雍齿是为了定人心，但是我们不得不佩服他的耐性。想当初，雍齿数次背叛他，自以为身份高于刘邦而看不起他，等到刘邦崛起时又投向于刘邦。可刘邦为了顾全大局不仅没有杀害他，反而忍住恶气先封了他为侯。刘邦深知自己离成功还有一截，因此，在诸多的事情中他都保持一颗沉稳的心态以大局为重，忍下个人的恩怨情仇，等到以后再下手报复也不晚。

我们又该从刘邦的身上学习点什么呢？不用说那就是一个忍耐的心态，在大事当前的时候，我们不能计较别人的错误，而要忍下心中的那口气，先把人拉过来为企业做贡献。如果刘邦像一般的领导一样，忍不下自己心中那口气，一下子把雍齿给了结了，那么对于刚刚站稳脚跟的集团来说又有什么好处呢？无非是把民心给扰乱了。企业家应当时刻记得忍一时风平浪静，退一步你就是至高无上者。

9. 煮父为羹，攻防策略

智者会在危机中化险为夷，而庸者则会在危急中手忙脚乱，结果是不仅让自己陷入不仁不义之中，也让其他人遭受不该有的苦楚。对于企业来说，需要

刘邦：最厚黑的草根企业家

的就是那些能够在危机时刻化险为夷的领导，能够凭借积极的头脑扭转局面，而不是一看见麻烦就心惊胆颤的人，害怕麻烦困境的领导也往往会使员工的情绪低落，工作积极性降低。

综观刘邦的一生征战，数次他都在险境中脱逃，凭借的就是他积极的心态和良好的抑制力。他懂得忍让，也懂得灵活应变。彭城之战是刘邦损失最为惨重的战斗之一。在这次与其他集团较量的时候，他先是占了上风，业绩做得是相当得好，收了一个很优秀的员工，名叫彭越，然后又相继占领了外黄、梁地、萧县等地盘。可是刘邦由于喜好玩乐，这一个弱点使项羽又反败为胜，刘邦一时陷入了危机之中。在各位贤将的建议下，刘邦设计逃出了项羽的杀害，彭城之战让众多的人投楚背汉，刘邦损失惨重。魏王豹跟随刘邦退至荥阳时，豹看到刘邦的狼狈相，认为刘邦再也不会振作起来了，就也想背叛，于是以借口回家探视亲属的病情而投降了项羽。当时，刘邦的处境非常危急，因为豹所在的位置恰好在荥阳战线的侧后方，如果项羽与魏王豹一起联合起来攻打他，前后夹击，其处境则更加困难。刘邦这时抽不出兵力对付魏王豹，想用和平的方法加以解决。他把郦食其找来说："我派你去找魏王豹，设法慢慢劝说他不要背叛我，如果你的劝说成功了，就在魏地给你万户的封邑。"郦食其到了魏王豹那里后，就按照刘邦的意思，劝说他不要投降项羽。魏王豹很感谢郦食其的忠告，但他对刘邦十分反感，不愿再与他结盟。他对郦食其说："人生一世，如日影过壁，很快就完了。那个小子对诸侯和群臣，没有一点儿上下的礼节，常把我们当成奴隶一样随便谩骂，我实在受不了他的这种对待，一辈子也不愿再见到他。"

郦食其劝说魏王豹无效，就返回荥阳，如实向刘邦作了报告。刘邦听了当然很生气，不得不抽兵做进攻魏王豹的准备。聪明的是在派郦食其到魏王豹那里做使者时，就让他一方面劝说魏王豹投降，一方面做些调查研究的工作，以备对魏王豹用兵时参考。

准备对魏王豹用兵之时，他问郦食其："魏的大将是谁？"郦食其答："柏直。"刘邦听了马上心中有数地说："他是一个乳臭未干的小儿，我派韩信为大将，他不是对手。"又问："谁是骑兵的将领？"郦食其回答："冯敬。"刘邦对冯敬也很了解，对郦食其说："他是秦将冯无择的儿子，虽然人品不错，可无战斗经验，他敌不过灌婴。"接着又问："步兵将领是谁？"郦食其回答："项它。"刘邦说："他更不是曹参的对手。从魏王豹这几个将领的组成上看，我们有必胜的把握。"于是刘邦任命韩信为左丞相，与曹参、灌婴击魏。

从刘邦胜利到大败又到对魏王豹用兵，我们可以看出刘邦有着很强的生命力，这种精神也正是企业所需要的。他对魏的将领非常了解，知道他们谁有什么长处，谁有什么缺陷，因而在配置伐魏的统帅时，能针锋相对，以自己将领的长处制敌将的弱点，所以对战争才有必胜的信心。

【典故回放】

楚汉两军在广武对峙的时候，刘邦的集团暂时占了优势，此时此刻，项羽的集团则处在了被动挨打的局面。当时刘邦断了项羽的军粮等后续资源，项羽非常恼怒，想到刘邦的家人还在自己的手中，于是想出一个招数来。他让人把刘邦的父亲押了出来，作为人质摁在一个专门盛装牛羊等祭品的大容器里。项羽指着刘邦的父亲向刘邦喊道："如果你们不投降，那我就把你的父亲做成肉羹吃掉。"刘邦并不心急，反而嬉皮笑脸地说道："当初咱们在你叔叔那儿拜过兄弟，那么我的父亲就是你的父亲。如果你烹煮你的父亲，那么别忘记给我一杯羹喝啊！"

项伯看到刘邦的这副无赖样子，对项羽说道："目前，谁输谁赢还没有定论，为了天下大事的人往往是连家人都不顾的。咱即使是杀死他的父亲也没有什么益处，反而会给以后增加祸害。"项羽气急败坏但也没有办法，只好饶刘邦父亲一死。

刘邦：最厚黑的草根企业家

【小中见大】

刘邦数次在企业的危机关头扭转局面，一次又一次地让企业起死回生。在典故中刘邦向项羽索取父亲肉羹这一件事情被世人冠上不仁不义，六亲不认的无赖名声，再加上当时刘邦故意表现出来的不在乎表情，更让人觉得他是一个厚黑者。一个连自己父亲都保护不了的人，一个连自己家小都要弃之不顾的人怎么可能算得上是成功者呢？可是，谁又能够真正地了解刘邦的想法呢？他是真的希望项羽杀死父亲的吗？就算是父亲对他再不好，站在人性的角度，刘邦还是会有所不舍的。但是个人重要还是整个团体重要呢？刘邦所领的队伍虽然大多为乌合之众，然而他对待团体利益的感情却比任何一个人都强烈。因此，刘邦作为一个领导绝对不可能因为自己私人的利益而违背了整个企业的利益。刘邦为顾全大局忍痛说出了那样"没有人性"的话语来，也为后世之人留下了形象上的污垢。

其实，我们不应该这样对待刘邦，他是一个在危机关头保持一个冷静的心态，具有"求胜性格"的勇士。他的表现带给我们的是一种自信，一种生命力。他不以个人的利益为主，而是考虑到整个企业的胜败，因此他是一个智者，一个虽然粗俗但是很有远见的智者。

第三章

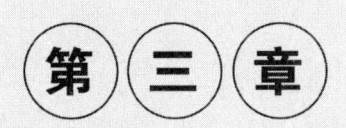

那不为人知的崛起

小企业要想打败大企业，必须要懂得积蓄力量，在没有任何资本时切忌以卵击石。刘邦唯一的胜利就是垓下之战。在这之前，他一直是众人眼中作乱的不安分子，在军事实力上他没有项羽大，在资金后备支持上他也没项羽强。他的员工不是盗寇，就是捕鱼打猎的，整体的员工素质都很差。然而，他的集团最终胜利了，那么名不经传的小公司是如何崛起的呢？

刘邦：最厚黑的草根企业家

1. 为做将，厚颜打名气

一个企业如果想要别人记住自己，最好的办法就是学会打名气，同样领导也要这样。只有让别人知道有你，知道你是谁，才可能成为众多人手中的香饽饽，才可能和别人抗衡。那么企业该如何打名气呢？

刘邦年轻的时候就以好吃懒做，无所事事被乡人厌恶。等到成年以后又以拈花惹草，广交"狐朋狗友"，爱说大话闻名于四方。不管是正面出名还是反面出名，反正他的粉丝挺多的，他是一个很会给自己做广告的人。刘邦还有一个特点是爱好游侠，正是他的这个嗜好给自己带来了很多交友的机会。他信奉信陵君，信陵君是什么人呢？他是魏昭王的小儿子，原名为无忌，哥哥即位后就封他为信陵君。信陵君虽然身为贵族公子，但他大开侯门，礼贤下士，广泛结交天下英才。而且他的交游，不问血缘世系，不问财富职位，看重的是个人的能力技艺，上至经邦治国，下至鸡鸣狗盗，都是有一技之长的人。久闻信陵君的为人，各国有能力的人士，纷纷慕名前往，争投于门下。极盛时期，信陵君门下的食客，号称有三千之众。然而，当刘邦知道信陵君的时候，他已经去世了，因此就去寻找张耳。张耳是和信陵君有着一样风格的人，仗义豪气，刘邦就积极地学习这种风格，返乡后刘邦也凭借游侠的方式结交了众多的好友，不管是盗寇、混混还是有侠义之风的志士，他都以豪爽之气接纳。他虽没有多少钱财，但总是仗义疏财，有多少拿出来多少。

靠着自己的游侠风格，刘邦很快在各色人马中站稳了脚跟。他的仗义疏财，他的爽朗以及心胸开阔让很多人都对他刮目相看。等到刘邦做了泗水亭长

后，他又结识了很有才华的萧何和曹参。当时，萧何很看好他，觉得这人外表虽然不修边幅，说话有时候也会大话连篇，但真正遇到正事，他的心中还是有一番见解并且言语之中透露着一股豪气，让人很是震撼。萧何觉得他不是一个真正意义上的流氓、无赖，于是很喜欢和他打交道。萧何乃是县衙里的重要级人物，有着很高的地位。而刘邦只不过是一个替补公务员，工资都不是国家发的小混混。很多时候，乡亲们都会看见一个贵族气质的公子跟在一个爱说大话的无赖后面，这也对刘邦的名气起了很大的作用。刘邦很快在众人眼中成了大红人。当然，"大红人"这三个字有褒有贬，有嘲笑也有讥讽。然而，刘邦全然不顾。他的心中有着一个梦想，虽然这个梦想的范围还没有落实，但他相信自己做的梦不是小梦而是一个很大很大的梦，至于大到什么程度，刘邦还在耐心地等待参照物的出现，也就是他所建造的企业规模。

如果有了梦想，不去追求那么就永远不会成功，如果想建企业，那么就应该去为之奋斗，这是每一个人都会这么认为的事情。想要成功就要努力这个道理是没有错的，我们要体会到美国创业大王雷·克里斯说这句话的道理："成功的创业者，最重要的是要笨，要狂，要天真，要懒散"。这句话也就是在告诉我们"要笨到不在乎会得到什么结果，要狂到肯把自己的一切全投入工作中，要天真到不想一个人独享成果，所以一开始便想和人分享，要懒散到必须有一大堆人替你工作。你只要坐下来，好好想你正在做些什么，以及你打算怎么做。"刘邦是这样的人，他很明白自己目前在干什么，以及该干什么。

【典故回放】

刘邦是一个爱喝酒的人，他年轻的时候经常去两个女人的酒店喝酒，这两家的主人一个叫武负，一个叫王媪。刘邦虽然爱喝酒可是由于没有钱因此只能常常赊账。他酒品好，喝完酒倒头就睡，从来没有什么忌讳，酒醒了就继续喝。《史记》里这样记载刘邦"好酒及色。常从王媪、武负贳酒，醉卧。武

刘邦：最厚黑的草根企业家

负、王媪见其上常有龙，怪之。高祖每酤留饮，酒雠数倍。及见怪，岁竟，此两家常折券弃责。"

意思是什么呢？刘邦喝完酒后经常会有奇怪的事情发生，武负和王媪经常见他身上会有龙的影子出现，很是奇怪。刘邦每次在她们家喝酒的时候，她们当天的销量就会大增，很多客人都会来她们店里喝酒吃饭。等到每年的年末一算账总会盈利很多，因此，这两位老板娘就把刘邦欠下的账一笔勾销了。

刘邦喝酒的时候总会有几个朋友一起来，比如说萧何、樊哙等一些侠肝义气的朋友。在这里他们经常会说话聊天很久，都是些慷慨大方之人，于是王媪和武负也会经常收到些不菲的小费。因此，这两位老板娘越发喜欢刘邦这个财神爷。刘邦睡觉时身上会出现龙的景象很快就被这两位妇人有板有眼地传遍了大街小巷。由于，刘邦的长相以及他平时的所做所为，越来越多的朋友就认定刘邦是一个不同凡响的人，也就招致了越来越多的人来结拜刘邦。

【小中见大】

关于刘邦身上有龙的影子我们不能考证，《史记》上所记载的也不能说没有带一丝神话色彩。但是企业可以从这件事上学到一点点东西，那就是如何打名气。刘邦的名气我们也许会有所怀疑，是否是王媪和武负做的秀呢？她们看没看到龙的影子大家都不是很清楚，但是她们说的多了，说的逼真了，说的时间久了，大家的思想就会有所动摇。如果不真，说一次两次也就罢了，但是，这两个妇人经常把看到的奇景挂在嘴边，也就难怪大家不相信了。

企业也是如此，如果刘邦身上有龙的影子只是他私下里让这两个店老板娘传递的信息，那么我们就不得不佩服他的高明之处。靠两位做生意的人把自己的名气传播出去，既省了金钱又省了自己的口舌。企业打广告的时候也要选对宣传人，比如说刘邦选择的是做生意的人，而且是在一个地方经常待的人，这也就是告诉企业名气要一点一点地打入人们的心中，不要过于急躁，也不要急

于求成，只要坚持，别人就不会不知道你的牌子。另外，选择做生意的人是因为在她们的身边会经常聚集起大量的人群，在做生意的地方传播名气效应会很大，会有更多的人来熟悉你，再经过听者的嘴传播下一轮的人群，想不出名都难。当然，名气是要传好的一面，要像刘邦一样给自己的形象打造一个神秘的色彩。企业不能为了吸引人气，好的坏的只要是能够扩大自己品牌的"知名度"就都用上一遍，而是应该有选择地扩大影响。

2. 甘居弱小，隐忍待发

一个企业的建立不是一蹴而成的，是要一步一个脚印踏实地走下的。在这一过程中，我们靠的还要有一个"无心"的状态，在"无心"中努力着。咱们来看一下美国麦当劳雷·劳克写下的一首打油诗，这首诗揭示了他创业的艰难与努力过程，也体现了他的创业哲学。

世界没有任何事

可以取代坚毅不拔

才华不行

世界上没有比怀才不遇

更为稀松平常

天才也不行

有志未伸的天才者故事

几乎已是老生常谈

刘邦：最厚黑的草根企业家

教育也不行
受过高等教育的失败者
有如过江之鲫
到处都是
只有坚毅和决心
才是无所不能的

也就是说创业不是你想成功就能成功的，而是要靠坚持，靠积累，靠努力，靠智力才会成为最终的胜利者，那些读过再多书的人没有毅力没有头脑到最后还是开不起企业的。当然，在这里没有压力没有包袱也不把名利放在首位是最好的，只有放宽心地去做事业才会有一个良好的心态去赢得成功。

咱们来对比一下刘邦的心态和陈胜吴广的心态。陈胜打了几次胜仗之后，就洋洋得意，以为天下亡秦者必是自己。于是，他自立为王，在起义中又封吴广为假王。当然并不是他们的功劳不够大，而是他们只想到了自己，在天下混乱的局势未定下来之前，他们就想打破已有的秩序建立起自己的王国。最后的结果只能在鸿鹄之志未完中死去。陈胜吴广最大的失败就是他们太在乎自己的利益，若是一个人不能把身心完全地投放到企业中，而是一直在想你如何从企业中得到利益，那么你离失败之时也就不远了。陈胜在战争中忘记了当初应该立扶苏为王的想法，而是自立为王，毕竟当"王"是很过瘾的；并且在他称王的中间有几次下面的人犯了错误，他不交给主司群臣的人而是自行处理。这让底下的人屡次反感，也就渐渐地失去了耐心。

咱们再来看一下刘邦，刘邦有私心吗？没有，他一开始就是靠自己的慷慨与无私的心取得众人的信任的。刘邦在放走劳役时没有想到自己的利益而是选择丢掉自己的官职和大家一起逃亡。他奉命回到沛县时想到的并不是自己来做县令，而是如何帮助沛县的老百姓脱离秦政的苦役。即使在沛县令违背自己的诺言，反过来捕杀刘邦时，刘邦也没有一时怒气冲天只想为自己报私仇，而是

站在广大百姓的角度上来考虑事情。正是他的这种"无私"的心态让众多的有才之人愿意跟定他。在拥立他为沛公时，刘邦也是在萧何与曹参不愿意做领导的情况下又在众人强烈地要求下上的台。他好像是一个空心的"傀儡"，但是却更像老子的"无身""无心"的领导人。因此，刘邦凭借自己的无心和努力做了一个杂牌军队的首领，而陈胜只能算是一个特定时期的一个"暴发户"首领。

这种无心的作风也成为刘邦以后建立企业的最大本钱。

【典故回放】

秦二世一年的秋天，曹参、萧何、樊哙等为沛公去招收沛县中的年轻人，共招了二三千人，一起攻打胡陵、方与，然后退回驻守丰邑。

秦二世二年，项梁项羽叔侄集团也凭借强大的军事势力与秦军对抗。当时，秦朝泗川郡监名叫平的率兵包围了丰邑。两天之后，沛公率众出城与秦军交战，打败了秦军。刘邦不计前嫌，委派一直不和的雍齿留守根据地丰邑，自己率领部队到薛县去。

这个时候魏国人周市派人告诉雍齿说："丰邑是过去魏国国都迁来的地方。现在魏地已经平定的有几十座城。你如果归降魏国，魏国就封你为侯驻守丰邑。如果不归降，我就要屠戮丰邑。"雍齿本来就不愿意归属于沛公，等到魏国来招降了，立刻就反叛了沛公，为魏国守卫丰邑。沛公带兵攻打丰邑，由于沛邑的人都是自己的父老乡亲，刘邦唯恐伤了自己的人，不敢凶猛进攻，导致一时进攻不下。

刘邦首次遇到这样大的挫折，心中很是悲愤，回到沛县后生了一场病。但是他随后就又站了起来，发誓要收回自己的大本营。

刘邦：最厚黑的草根企业家

【小中见大】

刘邦是一个没有私心的人，因此他得到了众多仁人志士，也正是他的无私心他相信了自己的同乡——雍齿，失去了丰邑。我们也许会对雍齿有意见，反感他的作为，但是我们不得不从另外一方面考虑，初次取得胜利的刘邦通过这件事或许会更加意识到首先应该让自己振作起来。

刘邦三次攻打丰邑最终取得胜利的故事也告诉了企业一个道理，当你弱小时，最可怕的敌人不是你的弱小，而是你没有毅力。只要你有梦想，只要你愿意花费时间寻找反击的机会，你的集团就不会那么快倒闭，起死回生的机会也不会没有。因此，建造企业的时候，我们最应该做的就是一心为公，不为己利，其次就应该持之以恒，不向遇到的失败低头，这才是我们制胜的法宝。

3. 区别对待，选取精英

成功的企业有一个共同的特点，那就是他们懂得如何网罗人才，如何积累人才。"美国总统小布什就任时，曾说过这样一句话：各行各业领导者都应该把人力资源这门课好好学学。他的意思是什么呢？如果你没有可以使用的人才，你的公司还怎么能够运转下去呢？一个人的力量是有限的，没有人帮忙是可悲的，尤其是有大志向者不懂得网罗人才，即使你有再大的梦想再大的能力也不会取得成功的，在这里人才网罗的实质就是人脉关系的伸缩。

企业经营管理中有一个著名的"二八"理论，是说在企业中20%的产品在创造着80%的利润，20%的顾客为企业带来80%的收入，20%的骨干在创造着80%的财富，80%的质量瑕疵是由20%的原因造成的。二八原理告诉我们，要抓住那些决定事物命运和本质的关键的少数。因此，经营人脉资源也是如此。也许，对你一生的前途命运起重大影响和决定作用的，也就是那么几个重要人物，甚至只一个人。所以，当我们不能平均使用我们的时间、精力和资源时，我们必须区别对待，对影响或可能影响我们前途和命运的20%的贵人另眼相看。我们必须在他们身上花费80%的时间、精力和资源。

刘邦并不懂得二八原理，但是他的做法却显示了这样一个道理。刘邦知道坐在家里是绝对交不到朋友的，因此他就四处游侠，四处结交好友，这些朋友既有黑道上的也有白道上的，总之呢，是各路神仙都有。刘邦对这些人大方是大方，慷慨是慷慨，但是对待人他还是有度的。在我们的印象中好像萧何、张良、夏侯婴、樊哙、韩信这些人才是我们最熟悉的，而其他的人我们知之甚少。这是为什么呢？因为只有这几个人一直在刘邦的左右做着他的臂膀，成就着他的梦想。他们这几个人就是那20%的人，但在刘邦成就帝业的一生中起着80%的作用。对于这20%的人才，刘邦都给予了很大的奖励，他没有在乎钱财的多少，也没有在乎权力的大小，他在乎的是在成王之前如何积累人脉。刘邦是一个智者，他知道在自己什么都没有的时候拉拢别人，甚至还会厚着脸皮去结交好友。正是他的厚脸皮他先是结交了贵人吕公后又娶得一个很有心智的老婆，在他打江山的过程中起了很大的作用。对于萧何、张良，即使他们是手下，刘邦也会用平常的态度对待他们，这里的平常态度是说他从来不会摆架子，不会显出高高在上的样子。项羽就不行了，在任何一个比他地位低的人面前总是一副高傲的样子，别人的建议根本就听不进去，身旁仅有的几个人才也留不住，不懂得用激励制度。

【典故回放】

汉三年，汉王攻打楚国，在彭城展开大规模战争，失利后从梁地撤离，来

刘邦：最厚黑的草根企业家

到虞县后，对身边亲近的人说道："像你们这些人是不能共同谋划天下之大事的。"随何近前问道："陛下为什么要这么说呢？"刘邦又说道："谁能替我出使淮南，让他们发动军队，背叛楚军，在齐国把项王牵制几个月，我夺取天下的大事就万无一失了。"随何请求出使淮南。

楚国的使者也在淮南，正迫不及待地催促英布出兵。随何径直闯进去，坐在楚国使者的上席，说："九江王已归附汉王，楚国凭什么让他出兵？"英布显出吃惊的样子。楚国使者站起来要走，随何趁机劝英布说："大事已成，可以杀死楚国的使者，不能让他回去，我们赶快向汉靠拢，协同作战。"英布说："就按照你的指教，出兵攻打楚国。"于是杀掉使者，出兵攻打楚国。战争持续了几个月。在淮南战役中，英布战败，于是他和随何从隐蔽的小道逃归汉国。

英布到时，刘邦正坐在自己的寝宫里洗脚。英布进去一看，接待的场所很是简陋，寥寥几件家具，一种粗俗之感潜入心头。刘邦一副悠然自得的样子，对英布说话也是一副很随意的态度。英布见状，怒火中烧，后悔来投奔汉王，心中窝了一肚子火。当他退出刘邦的寝宫，来到为他准备的寝宫时，英布喜出望外。只见帐幔、用具和摆设都非常的讲究，布置的典雅豪华，比起以前他住的都要好。英布这才放下心来，决定安心跟着汉王做事。项羽得知英布叛变后，立即大怒，下令诛杀英布的全家。等到英布派人去接家人时，发现已经无一生还，心中对项王的怒气更加大了。他带着当时的宠臣故友等几千人马一起返回了汉军。刘邦又给英布增加了一道兵力，让他北上去成皋招兵买马。

汉四年七月，刘邦封英布为淮南王，共同攻打项籍。

【小中见大】

从典故中我们可看出刘邦看准了谁就会对其委以重任，并懂得如何获得别人的信任。英布也因为刘邦对他的器重而在作战中更加拼命，在和项王对他的待遇做了一番比较后，对新的主子更加忠心。

刘邦与淮南王英布的结交让我们看到了刘邦积累人脉的方法，他靠仗义与大方取得了对方的信任，又靠不欺贫爱富，攀龙附凤的态度取得了别人对他的爱戴。这是项羽所不能比拟的。刘邦也曾经品尝过别人对他不重视的滋味，因此他对英布的感受深有体会。所以在网罗人才的时候，刘邦不管自己的身份等级已经到了多高的程度都不会端起人上人的架子，摆出一副盛气凌人的模样。因此，他才是真正的成功者，真正的企业管理者。

任何一个领导在管理人才中都要学会二八原则，还有一个重要的因素，企业管理者不能忽视，那就是网罗人才不是坐在家中就能得到的，而是要出游四方，到处发掘，要悉心收罗。刘邦从来没有说坐在家中等待别人上门的时候，他总是积极地参加各种社交活动，为自己搭建人际关系，这也是他成功的一个地方。

4. 初遭惨败，愈挫愈勇

磨难是人生的一大财富，没有经历磨难的人，是不会有所作为的。就算你是官二代，如果不努力也会坐吃山空的。如果你可以经得起磨砺，那么即使你是穷二代，只要有毅力，有信心，乐观以待，白手起家就不是梦想。

刘邦是一个白手起家的穷二代。刘邦的成功不是偶然的，而是必然的，这就在于他会在失败中积累起力量。刘邦真正意义上的成功只有一次，那就是打败了项羽夺得了天下。在与项羽前期的较量中，刘邦一直处于弱势。可是他意志并不消沉，反而越挫越勇，他拿出了企业家该有的拼劲。

刘邦：最厚黑的草根企业家

【典故回放】

公元前205年，经过了半年多的精心准备，刘邦便率领汉军30余万主力从临晋关东渡黄河，魏王豹投降，并派兵追随他东征。当然，这个时候汉军之所以能够望风披靡，关键还在于刘邦的人脉。在这一年里，刘邦也得到了他一生中最重要的谋士之一——陈平。陈平是从项羽麾下逃出来的，由于他不善作战，以至于他在与汉军对抗时失利无颜回去见项羽，只好投奔刘邦这里。刘邦或许看他和自己一样自小是在贫寒家庭长大的，于是特别看重他。不管别人对陈平有何意见，刘邦都置之不理，还给陈平以都尉的高官，让其监督各个军队，对他异常信任。

在陈平及韩信等将士的帮助下，刘邦在外黄招降了彭越，让其驻军梁地，刘邦带领联军乘虚攻入彭城。当时项羽正在山东东北部进军齐军，无暇顾及也没有料到刘邦"拿义帝做名堂"在背后给他一刀。彭城无人能抵挡得住刘邦的大军，一时失手。刘邦的无赖本色在彭城收为己有时又显露了出来。他把秦王的美女和珠宝都搜罗而来，在里面享起了福。项羽听说自己的老窝被刘邦攻破，心里十分愤怒，于是急忙转回身来设法对付刘邦。项羽亲自布阵，从各个方位攻打汉军，汉军占领彭越之后就陷入了松懈状态，对项羽精兵的反击根本不能抵挡，光一个"楚霸王"就将他们吓得弃械而逃，更不要说正面出击了。项羽以3万精兵勇往直前，眼看就要打到刘邦大本营了。刘邦才反应过来，赶紧出逃。幸好战时刮起来了一场大风，遮挡了作战的士兵，刘邦只带了十几个亲密侍卫，从一个小夹道里悄悄地狼狈逃跑。

彭城一战，刘邦先是胜的很顺利，而后败的很惨。在这一战中，他的家人被项羽抓去做了人质，汉军也元气大伤。但是，项羽没有乘胜追击刘邦，这又给了他一次重新振作起来的机会。公元前205年5月，刘邦兵退至荥阳，在萧何、张良的帮助下，刘邦重新振作起来，整顿骑兵，养精蓄锐。终于在荥阳之东击破楚军骑兵，扼住了楚兵西进的势头，稳定了战局。从此，楚汉战争进入相持阶段，双方对峙于荥阳、成皋一线。为了持久防御，汉军修筑甬道，直通敖仓，取那里的积粟补给前线。

【小中见大】

在经历了彭越之战后，刘邦变得成熟稳重了许多，扩大骑兵，养精蓄锐便是他的一大进步。他及时地听取了谋士们的建议，逐渐恢复元气最终与项羽形成对峙的稳定战局。而项羽则没有坚持到底，事情总是做到一半便以为大获全胜。这正是刘邦战胜他的重要因素之一，看准了项羽做事的风格，便有了与之抗衡的对策。

作为企业家，我们要有不怕输的精神，不管遇到多大的风雨，不管受多么大的打击，只要心存希望，下一秒就可能是胜利。另外，在建立企业的过程中，我们的失败与成功很大程度上是来自他人，因此，我们要学会分析进谏的得与失，善于利用好的建议，筛选错误的提醒，做到知己知彼百战不殆，这样才是一个真正的智者。

5. 借助贵人，成就己业

机会总是给那些有准备的人，中国有句俗话叫做"台上一分钟，台下十年功"。我们总是羡慕那些机遇好的人，总是眼红命运对别人的青睐，总是艳羡别人的成功，可是，在鲜花掌声的背后我们总是看不到别人付出的辛苦

刘邦：最厚黑的草根企业家

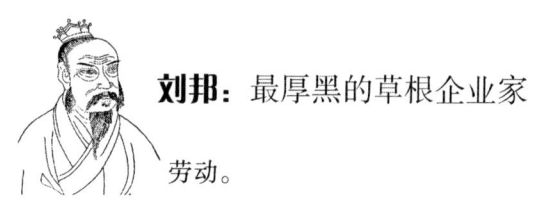

劳动。

智者善于抓住机会，愚者却错失良机；成功者则善于创造机会，机会只给那些准备好的人。商人可以利用机遇走向富裕之路，文人志士则可以利用机遇平步青云，而这一切的成功都源于有头脑和善于发现机遇的人。

刘邦是一个跟随大众潮流的乡野之人，在秦始皇的统治走到穷途末路时他选择了起义。虽然他并不是第一个起义的，但是在看到天下风云形势时，他接了陈胜吴广的班，代替他们走向了创建国际大集团的道路。刘邦不同于陈胜这些起义军，不像他们一样只有短浅的目光，没有远大的志向。在那时还有一股可以与秦军对抗的力量，那就是项梁集团。当时楚国只有一个保护神——项燕，他一个人抵挡不了外部大众的力量，最终战败，楚国也走到了末路，被秦国吞并。项氏家族也遭到破坏，本是贵族的项梁不得不带领侄儿项羽奔走他乡。项梁虽然是一个出身高贵的人，但是他丝毫没有一点贵族的高傲与清高，相反他志向远大。他虽然流落他乡但是暗暗纠结力量，壮大自己来完成父亲未完成的志向。刘邦和项梁有同一个特点，那就是不急于出头，不急于把自己推入风口浪尖中，而是不动声色地在私下里准备一切，等到时机成熟再出来一鼓作气完成自己的夙愿。

刘邦在准备中一点一点地让自己强大起来，而项梁逐步强大起来的经验让刘邦明白了自己应该从何处入手。刘邦和项梁的发迹似乎相同，然而又有一点不同。那就是在做县令的时候，刘邦是有意去和县令结为反秦义军，而县令反悔在先，刘邦不得已诏令百姓杀之。而项梁则是在郡首诚意召见下挥剑杀死他的，这一点上的凶狠也为他打下了以后要失败的伏笔。但是不管怎么说，项梁的志向和经历还是给刘邦带来了不少影响，他的强大势力还是帮助了刘邦这个弱小群体，他乃是刘邦的一大贵人。

【典故回放】

项燕起义失败后，楚国名存实亡，项梁和侄子项羽也受到了严重的迫害，不得已项梁只好带着侄子过起颠沛流离的生活。还好项梁是一个硬汉子，虽然出身高贵但没有被那些贫困的生活压掉反秦的决心，相反在逆境中的他更加发奋地积累战斗力。

项梁带着侄子来到了吴中，在这里，他开始了一系列的准备工作。他天生为人豪爽，在吴中的时候经常打抱不平，为民扫除了一些作威作福的人。他疏财仗义，很是受人们的欢迎，做事又有主见，因此贤士大夫都愿意与他交往。在吴中，凭借项梁的个人魅力，他暗地里招兵买马，及时地训练子弟，教导他们立下大的志向。对于侄儿的狂言"彼可取而代之"，他心中相当宽慰，以为企业集团后继有人了。

项梁的志向是恢复楚国，立足于天下。大泽乡起义后，吴中的郡守对项梁说道："做事要抢先一步占领先机才可以控制别人，落后一步就要被别人控制。我打算起兵反秦，让您和恒楚统领部队。"郡守本意是好的，但是项梁当时对郡守说道："知道恒楚的只有项籍一个人，请让我把他叫进来，让他去把恒楚请回来。"郡守答应了，结果是项籍和项梁一合计把郡守给杀死了，一刀下去连郡守反应的机会都没有。可怜这个郡守的一片苦心啊！项梁走出府来一连杀了一百多个郡守的人，吓得他们趴在地上。项梁趁机向大家讲述了秦朝的暴政及反秦的理由，得到了郡守的部下，又聚结当地的豪杰绅士，分别部署他们，并封于不同的职位，最后一起在吴中举兵反秦。

当时一个没有被委以重任的人求见项梁："大王为什么没有给我分一个职位呢？"项梁说道："前天别人家有丧事，我让你去办一件事结果你没有办成，因此没有封你职位。"可见项梁是一个很看重人才能力的人，这件事之后大家就对他更加佩服了。

刘邦：最厚黑的草根企业家

【小中见大】

志向是一个人创业的根本原则，一个没有目标的人怎么能够脚踏实地地走下去呢？要想成就大事者，志是要立的，不过立要有一定的规则，比如说我们的前景目标是远大的但是近期目标更要切合实际。刘邦懂得一步一个脚印，一个台阶一个台阶地打拼梦想。

没有人生来就是成功的，也没有任何一个事物永远都处于繁盛期，就像一朵花总会有它败落的时候。因此，我们在做大事业的时候不要计较眼前的得失，一定要以大局为重，不要在乎一时的阻挠和困境，也不要心高气傲，最重要的就是懂得眼观四方，以大局为重，然后积极整顿自己的企业，准备向胜利的方向出发。

6. 西去关中，夺城是真

当一个人储备了很久，那么他的实力必将雄厚很多，而这些实力将会带领他走向成功，接近胜利。有付出就会有回报，有努力就能看到硕果累累。

雍丘战役结束后，刘邦和项羽两兄弟转移方向，到外黄打仗去了，而项梁则带领员工来到了定陶。经过一番实力和智力的拼搏，章邯大败，丢下定陶逃到濮阳。项梁并未继续趁机追击章邯，而是在定陶安下了心，和众将军一起吃喝玩乐，整个军队松弛了下来。章邯在恐慌中派了奸细潜入楚军打听，听到探子回报"楚军松懈不已，没有丝毫的作战准备"。章邯大喜，于是在一个夜晚神不知鬼不觉地攻打了项梁。可怜大批的楚军还在睡眼惺忪的时候就被来路不明的人杀的片甲不留，项梁的一世英名也顷刻间在乱刀中灰飞烟灭。像历史上许许多多的英雄豪杰一样，项梁活的有声有色，然而死的却是那么不声不响，让人丝毫没有一点的艳羡。

项羽和刘邦在外黄听说到项梁兵败被杀，一时项羽悲痛难忍，性子急上来就要拉刘邦去和章邯这小子拼命。刘邦却异常冷静，在和项梁叔侄的相处中，他逐渐让自己的心智成熟起来。项梁的死将会给他带来很大的帮助，意识到离成功不远了。刘邦先是假惺惺地和项羽一起悲痛，而后劝导项羽要以大局为重。对于项梁的死，楚王熊并没有过多的伤心，反而觉得这是他崭露头角的好时机。由于他一直被项梁叔侄控制着，表面上贵为人君实际上却得不到应有的权力，因此心中很是不满。项梁的死反而给了他很大的机会，终于觉得自己成为了一个真正的主人。他要做的第一件事情就是整编军队。如何整编呢？他把许多曾经未被项梁重用的人都封为高官，而屡建奇功的项羽则封了并无多大实权的官职。刘邦则是这个时期受益最大的一个人，由于跟随项梁的这一段时间，他表现突出，凡事都显出长者的身份来。因此，楚王决定封刘邦为砀郡长，也就是相当于现在的民政部部长。楚王的意思很明显，就是要压制项羽这个很有可能影响到他位置的重量级官员。刘邦自然想到了楚王的这一个想法，但是聪明的他在自己的实力还没有完全超过项羽之前还不想和他走的太远。于是他想出了一个办法，那就是预备了酒菜，请项羽来入席。刘邦把酒席布置得很庄重，还挂上了项梁的画像。项羽见此情景就悲痛不已，说道："这个时候能记得我叔叔的唯有大哥你了。"刘邦很义气地说道："就算是别人忘记了你叔叔，我也不会忘记他对我当年的照顾，你就是我的兄弟。"项羽见刘邦说的如此动人，天生重情重义的项羽对刘邦更加亲近，感情上也越加倾向于他。于是刘邦在别人的集团里得到了自己最想要的东西，那就是权力和军心。

第三章 那不为人知的崛起

刘邦：最厚黑的草根企业家

【典故回放】

在战败楚将项梁之后，章邯的力量逐渐地强大起来，没有多少军队可以比得上他，当时他一步一步地进逼到楚王的老窝彭越。楚王很是着急，于是听取宋义的建议让人攻打秦地都城。然而当时并没有人愿意冒这个险，为什么呢？项梁是响当当的楚军大将军，像他这样英勇善战的军事家都被章邯杀死了，自己去岂不是以卵击石。楚王见大家都不言语，他想难道要用利来鼓舞他们前去吗？于是，楚王又说道："谁要是先入秦都咸阳，我就封他为关中王。征战中禁止乱杀无辜，禁止抢掠。"楚王一边说一边让宋义拿笔记录下来，这就是载入史书的"怀王之约"。刘邦当然等这个机会很久了，于是就自告奋勇要去攻打咸阳，同时项羽也站了起来，也报名前往。

楚王见出来两个想去攻打秦都的人，不知如何是好，于是宣布退朝，下朝后他同宋义商量。宋义对项梁叔侄没有好感，他觉得他们太残暴坑杀了许多无辜的人，相对刘邦就很温良。自从进入项梁集团以来，从来没有说过半句傲慢的话，没有做过任何残暴的事情。因此，宋义就建议刘邦西去关中。楚王本怕项羽成功后牵制他的势力，因此也不愿意项羽去抢头功。等到第二天上朝，楚王就公布让刘邦去攻打咸阳的消息。项羽自然很气愤，他觉得刘邦没有自己有资格，于是去找楚王评理。刚好齐国前来求楚王帮忙，楚王顺水推舟对项羽说，"我不让你去是有更大更重要的事情要交给你做呢。"项羽的脾气相当直，一听这话就信以为真了，就率兵去攻打章邯那个老贼了。

刘邦这一次无意中取得了这个西进关中的好机会，他觉得自己单独创建企业的时候要到了。在西进关中的路上，他收揽项羽、陈胜等流落在中原的散兵小将，还归顺了许多有才之将，其中灌婴就是在西进关中的时候收取的。经过了一番努力和准备，在张良等一拨贤才的帮助指挥下，刘邦历经种种艰辛终于先入了关中，推翻了秦朝的残暴统治。刘邦谨遵楚王的约定，没有杀人也没有抢夺村民的财物。

【小中见大】

刘邦之所以能够取得进军关中的机会，就是因为他时刻在准备着。他没有丧失自己的志向，反而利用种种手段取得楚王、项羽等领导的信任，同时又利用宽厚的胸怀让楚军对自己产生一种错觉，让他们觉得自己就是一个温文谦良的将才之人。他不与人争风吃醋，也不与人争任何功名，而是在暗中慢慢地让自己的团队强大起来。

作为企业家来说，如果没有一个坐得住的心态，是不可能得到大家的信任的，只有保持一个顺其自然但又积极进取的心态，慢慢地积累自己的人脉和集团的实力，这样才会最终寻找到机会。机会是给那些有准备的人的，刘邦精心准备了那么久，最后的机会不留给他还会给谁呢？从刘邦西去关中到胜利夺取关中的经历来看，企业家最应该学习的就是在他人手下做人的原则和处事的方法，在他人集团下该如何寻找机会并把握机会。

7. 戏分诸侯，屈辱驶蜀

刘邦数次被项羽打败，也数次被敌军追赶，更多的是遭受别人的白眼和不屑。他是一个地位身份很低微的人，但是他没有倒下，靠着那张厚脸皮，刘邦最终成了先入关中的王者。然而，让大家本以为该峰回路转的他又一次遭受了失败。项羽野心很大，他觉得自己的功劳很大应该入关为秦王。虽然，他在战胜章邯后就急忙返回了咸阳，可是他毕竟晚来一步，刘邦已经定军霸上。项羽那个气啊，不打自来，真想与刘邦拼死去。还好这个时候，项羽所知道的事情都是从别人耳中传来的，具体的实际情况他并不明白。刘邦是犯了一点小错

刘邦：最厚黑的草根企业家

误，他虽然听取了其他领导人的意见但还是心里感觉不平衡。在这里他和谁都没商量，于是就派了一小部分军队驻扎在函谷关，没有他的允许，任何人都不能进去。项羽来到咸阳必须经过函谷关，他见有人把守，大为震怒。这个做法更加说明了刘邦存心想入关为王，这样导致的结果是项羽性子一急，上来立刻马不停蹄地率人攻打。由于他们集团都是经过培训的员工，打起刘邦那些没有经过特殊训练的员工们轻而易举。就这样，项羽也进了函谷关，暂时将自己的军队驻扎在鸿门附近，具体下一步怎么做他还没有想好。刘邦集团的领导一看项羽集团来了，心中有点恐慌，毕竟他们的军队没有项羽的强大。在集团领导商量后决定告诉项羽是他误会了刘邦。他们派人对项羽说："咱们都是自己人，刘邦派人把守函谷关是为了防范其他集团的人来攫取自己的劳动成果。刘邦只是等待将军来做秦王，自己是万万没有资格做的。"爱听好话的项羽立刻就被欺骗了，鸿门一宴让项羽觉得还是自己强大，让一个年龄大的人为自己赔礼道歉值了，心底简单的他并没有意识到刘邦正在努力中。

刘邦把咸阳奉献给项羽后，项羽的残暴本性又上来了。他觉得富贵了不回家乡而在外面建都又谁能够看得见呢？于是他一把火烧了咸阳城，在这里，项羽表现得像是一个幼稚的小孩子，性格完全是随性而为，又像是一个区域经理，根本没有想到大局而是急于展示自己的劳动成果。项羽不成熟的做法更是造成了他悲惨结局的一个重要因素。

【典故回放】

刘邦忍气把咸阳城送给项羽后，项羽心中有所忌惮这个实力一直在增长的刘邦集团。他们之间的兄弟情分渐渐隐藏起来，反而是利益越来越占了上风。项羽一直在想如何既封了众人的口又合理妥善地安排了刘邦。范增对刘邦也没有什么好感，因此他很同意项羽的想法。在出点子的时候，范增建议把刘邦封到汉中一带。汉中是什么地方呢？项羽并不是太懂。范增向他解释道："巴蜀乃是关中的一个领域，道路走起来十分的危险，只有一条通往那里的去路，平时只有犯人才会被发放到那里。如果把刘邦分封到那里，即没有违背楚王的约定，也可以制约刘邦的兵力。"项羽若有所思，只要能够给天下人一个说法，他是不在乎刘邦未来生活的，而范增则是想报他鸿门宴上没有刺杀到刘邦的仇。巴是重庆一带，那里非常多的山，交通很是不便，因此巴人都有很强的自主性。而蜀地则是成都附近，是一个很大的盆地，由蜀中进入关中必要经过汉中，而汉中的艰难险阻是很少有人能够克服掉的。因此，范增打了一个算盘，就是把刘邦囚禁在一个天作地和的牢狱里，任他动弹不得。

项羽决定后就宣布章邯为雍王，统辖咸阳以西的关中，封司马欣为塞王，统辖咸阳以东到黄河一带的地方，又将魏王豹改封为西魏王。刘邦听说自己是汉王时立刻打听汉中是个什么地方，当听说是经常发配犯人的不毛之地时，立刻暴跳如雷，想要与项羽拼命。当时，以实力来评估的话，项羽还是处于优势的，萧何及时地提出了自己的建议，被分到巴蜀一带总比被处死的好。只要我们活着总有一天会与他算账的，何必在乎这一件事情呢？

刘邦细细分析之后，也决定先忍气吞声，于是拿出黄金和珍珠宝物托人转交给项伯，让其对项羽说情把汉中盆地也分封给他。项羽本身就有一点不忍，于是也就答应了这个要求。分封完毕后，刘邦率领自己的一支团队浩浩荡荡地向汉中驶去，渐渐地在汉中积蓄自己的力量。

【小中见大】

刘邦又一次忍受了人生中的奇耻大辱，他冷静地接受了这个汉王的封号，拉着自己的人镇静自若地走了。然而，祸兮福所倚，项羽岂能知道这次分封是否是正确的，是否就此把刘邦拉入了人生的低谷呢？对于一个企业来说，置之死地而后生的道理应该不仅仅是懂得，更重要的是要学会把理论与实际结合起来。项羽只做到了一次，那就是巨鹿大战中，那时候他没有私心只有一个念头

刘邦：最厚黑的草根企业家

解救被章邯困住的齐国。而现在因为自己的私心而忘记了这个道理，留给刘邦又一次生还的机会。

在建造企业中我们不仅要有置之死地而后生的勇气和作为，更重要的是在困境中百折不挠，做一株带刺的仙人掌，时刻保持着警惕性，时刻为干旱做着准备，打有准备的仗才可以让企业一步一步变为强者，最终吞并曾经置你于不屑的企业，这就是强者的生存理念。

8. 明修栈道，铺帝王之路

老子说：知人者智，自知者明。胜任者力，自胜者强。知足者高，强行者有志，不失其所者久，死而不亡者寿。这句话是什么意思呢？用通俗的语言来说也就是知道别人的人是智者，但了解自己的人才能称得上"心若明镜"。能够胜过别人的人可能是力气上胜过别人，也有可能是智力上胜过别人，而只有靠自己胜利的人才能成为强者。知足常乐者即使自己再没有财富，但他的心里永远是充实快乐的，常常在遇到困难不放弃仍旧坚持自己的梦想可以称为有志人。死亡不是说说的事情，人死了但精神不死，这种人才是真正的长寿者。因此，我们可以总结出一句话来，自知，知足，自胜才是求"道"者最基本的人生观。

刘邦是什么样的人呢？他又是如何让自己自知、自胜、自足起来的呢？这本身是一个在探索中进行的事情，因此我们只能从刘邦的点点滴滴中看他是如何积累经验的，是如何从一个基层干部晋升为重量级干部的。刘邦忍辱去了蜀中，在这里他做了些什么呢？是接受命运的安排还是奋发图强，是意气消沉还

是精神高昂？刘邦是属于厚黑型的人物，他怎么能够在未完成大业就倒下去，他既然想要做到的事情就不会那么轻易地放弃。

自从项羽分封诸侯后中原就没有一天安宁之日，田荣是齐国首席军事强人，他是第一个站出来反对项羽的，原因是项羽没有为他分封一砖一瓦。他心中很是气愤，于是就纠结盗贼出身的彭越一起抵抗项羽。项羽见田荣目无法纪于是派萧公角去打彭越。萧公角是早先与灌婴一起投奔项羽的一个将领。他自以为楚军威力四射，打一个小小的盗寇绰绰有余。结果彭越不是鼠辈之类，他善于游击战术，这对于以正规战术为主的萧公角来说是一个不小的挑战，加上轻敌，项羽一方很快溃不成军。这对于野心家陈余是一个极大的鼓舞，在巨鹿之战中，陈余被项羽欺负的成为了一个国际笑话，丢尽了颜面。在分封的时候，他只分到了三个县，比起张耳的少了不知道多大面积。因此，他对项羽充满了敌意，彭越取得的胜利让他加速了自己的步伐。他立刻游说田荣，请求他支持攻打张耳。这下子可好了，各个领导阶层因项羽的分封不公平大打出手了，项羽是顾了这头顾不了那头。刘邦就这样为自己赢得了一丝获胜的机会。在汉中，他整顿军队，严肃法纪，没有再沉迷于声色酒乐之中，相反时刻和大家商量着如何走出汉中，进入关中，还定三秦。在这个紧张的阶段，刘邦的头脑依旧冷静着，没有做出太大的举动，在等待最佳时机的到来。

【典故回放】

韩信从项羽的集团中脱离出来，投奔了刘邦，然而刘邦并不看好他，给他的官职并不重要，他的建议也得不到采纳。但是，萧何经过几次和韩信的交谈后觉得他真的是一个奇才。进军汉中无意是进军一个未开发的区域，韩信觉得自己的待遇还不如在项羽集团的待遇好，于是心灰意冷，想退出这个集团。他主意一定就不声不响地像其他逃兵一样走了。萧何知道后，来不及问走了多远立马飞奔着去追他。

刘邦：最厚黑的草根企业家

追回韩信之后，萧何向刘邦讲述了韩信的奇异之处，于是刘邦拜韩信为帅将。韩信将天下的处境和刘邦所处地位的利害讲的头头是道。刘邦觉得自己真的是差一点误失了一位天才。等到项羽被天下人共同讨伐的时候，韩信觉得时机到了，于是命人修筑栈道，他经常去现场鼓舞士兵，告诉他们是为了大家过上好的生活。当时要进入关中，第一关要过的是章邯的区域。章邯对刘邦这个人并不是很看重，因为他觉得非正统的将领没有必要做过多的防御。因此当听到韩信率兵大修栈道时并不着急，从他战败后，他的心态就开始消极，他认为栈道的修建是一个很艰难的事情，等到刘邦打过来做准备也不迟。

然而，章邯哪里料到，大修栈道只是一个幌子，刘邦把人马分为四大部分，从不同的时间出发，选择了一条通道。这条通道是通往咸阳的一条小道，地势隐蔽性高，暗地里渡过不容易被发现。韩信正是采取了"出其不意攻其无备"的战术来作战的。这条道路上有一个储藏粮食的仓库又叫陈仓，是一个必经的地点。韩信正是利用了这一点优势，明地里修栈道以转移章邯的注意力，暗地里转移自己的部队。韩信一直都站在修栈道的现场，以免被章邯觉察到他们的军事行动。就这样，刘邦在韩信的奇思妙想下趁项羽不备之时进入了章邯的地盘，打他个落花流水。刘邦一点一点地回到了中原的战场。

【小中见大】

要说刘邦的才能他根本比不上萧何，要说他的武艺连樊哙都比不上，然而他却一次一次地遇到天才来帮助他化险为夷，一步一步地带领他走向成功。这是为什么呢？

从刘邦的身上，我们可以看出，他是没有多少文化，多少智谋。然而他却像是一张白纸可以任人在上面涂鸦，可以包容千万个是是非非。他的心胸异常的宽大，意志力也是非常坚定。正是他没有太多的私心，因此刘邦很容易就会接受别人的建议，很容易承认自己的缺点。这样他在一点点认识自己，在了解

自己的过程中了解他人；在了解他人的过程中，他一步一步成熟，一步一步为自己企业的未来铺着红地毯。作为企业的领导者我们要学习的就是刘邦能善于从他人身上学习弥补自己的不足，大胆地接纳别人意见的气度。

9. 楚汉之争，请君入瓮

一个人的性格对于他人生具有很大的影响，正如西班牙文学大师说过的一句话："每个人的命运都是自己的性格在决定"。遭遇困难时，我们要勇于面对，不要急于逃避，不要认为自己没有了胜利的机会。其实，一个人的习惯可以改变一个人的行为，一个人的行为可以改变一个人的性格。只要我们在后期的过程中改掉那些不好的习惯，端正自己的心态，改变自己不好的性格，那么，就没有什么困境我们过不去的。

刘邦是一个多血质的领导人才，多血质性格的人具有什么特点呢，那就是反应快、自信、求变、遇事质疑、强而有力、有竞争性、富冒险精神、善于适应环境。这些优秀的个人性格特征让他战胜了胆汁型性格的项羽。项羽精力旺盛，做事热情但遇事急躁，不能很好地听取别人的意见。刘邦和项羽在性格上的缺陷都是后天可以改变的，如果项羽能够像刘邦一样改变自己，那么失败的就是刘邦而不是他了。

刘邦很懂得改变自己，咱们来看一下他的变化。刘邦在山东的时候，是一个贪图享受的领导，见到美女眼睛就走不开，看到财物心就会动，然而当他进入关中后他是怎么做的呢？他派人广而告之，说他知道大家受秦始皇的折磨很久了，他这次来是为了让大家过上好日子。期盼和平好日子的百姓听了很高

刘邦：最厚黑的草根企业家

兴，于是让人杀了猪羊来献上。刘邦不让人收取，看到刘邦的所作所为，大家更高兴，恨不得立刻让刘邦做他们的大王。范增很聪明，他看出了这里面的蹊跷，觉得刘邦改变了不少。性格怎么变得那么快呢？归根结底刘邦是想利用人格魅力让秦朝的员工顺从他，听从他的话，他好去当这个集团的领导。范增也是一名忠诚耿耿的领导，他去和项羽说这件事情，请求鸿门一宴上杀死刘邦夺回大权。项羽不会灵活地转变自己的思想和性格，觉得刘邦已经向自己承认错误了又答应把咸阳还给自己了，自己再去做这样的事情岂不是很不仁义吗？正是项羽不懂改变自己的思想和性格，被刘邦使了障眼法，被他的计谋骗的惨不忍睹。

在楚汉战争中，项羽刘邦两个集团的战线拉的很长，刘邦也一直处于弱势，每次总会败给项羽。然而他一步一步地总结自己的失败点，最终发掘自己的性格也存在一定的缺陷，于是决定改变。进入关中的一系列做法就是他最好转变的见证，这也为他今后的胜利打下了基础。而项羽在整个战争中，从一开始就自恃军心稳定，威震四海，无人能敌，到最后还是孤意独行，不愿意听取别人的建议，最终成就了一个"西楚霸王"的悲剧。刘邦在接下来的战争中一直改变着自己，不断地听取各位谋臣的良策，结合自己的想法，共同研究对付其他集团的办法。从历史的足迹里我们可以看出，唯有刘邦一人可以大胆地改变自己，不断低头向谋士请教，他知道人才才是他打下江山的必要因素。

【典故回放】

刘邦与项羽彼此定下了鸿沟之约，项羽带着满身的疲惫在寒冷中领军回乡。刘邦本无意追杀项羽，结果陈平和张良来劝说，"汉军拥有一大半天下，而楚军则失信于天下，这是上天要汉军统一天下的征兆啊！不如趁机攻打项羽的残兵败将，彻底给他一个无法翻身的命运。"刘邦想了想，最终决定采取陈平等人的计谋。在项羽刚刚离去没有多久，刘邦就开始派兵追击项羽。项羽得知后大怒，立刻返回围困刘邦。由于韩信和彭越并没能及时来和刘邦汇合，导致刘邦一时陷入困境。这时候又有人建议刘邦给韩信和彭越一定的利益，这样他们就会前来援助。大势当前，刘邦封韩信为假王，随了他的心愿；同时又给了彭越许多好处，最后，这两军赶来援助刘邦。

齐王韩信从齐地南下，自东向西侧面攻打项羽；梁王彭越先南下后西下，赶来与刘邦军汇合；汉将刘贾率数万员工从西南方围困项羽。这个时候项羽的大司马周殷背叛了项羽，先是与刘贾、英布汇合，后又加入刘邦军一起攻打项羽。五路大军约70多万兵马一起向项羽的小部队压来，项羽无力抵抗只好后退到垓下。项羽顿时孤立无援，粮草又都供应不上，可怜一个英武一世的西楚霸王却落到如此的迫境。一时间他悲痛交加，却又要忍住以此鼓励士气。

项羽在前进无门的情况下只有迅速反击，他带领10万楚兵向韩信打去。但由于敌我力量悬殊，项羽没有冲出包围，又有一大批的楚军死于刘邦军的手下。项羽只好先撤离休息，等到晚上才带领人冲了出去。这次他顺利地渡过了淮河，然而在胡陵却迷了路。向一位农夫问路，农夫却欺骗他往一片沼泽地里走去，刘邦趁机又追上了项羽。此时，项羽只剩下一百多名将士，他对他们说道："我一生作战英勇，却在这里失了手，就算是死我也要再拼他一把，让上天知道我是因为作战而亡的。"于是他以一敌十向汉军冲去，斩下一名汉军将领的头来。汉军见到项羽这样英勇的气概都被折服了。可是项羽毕竟寡不敌众最终被围困在乌江边，由于自觉无颜再见江东父老，又不愿被刘邦所杀，于是自刎而去。

【小中见大】

项羽自死都没有意识到他的性格对自己的影响，若是早一点意识到自身存在的弱点，早日悔改，那么就不会落得如此下场。性格不是一个固定值而是一个可以随意修改的符号。刘邦深知自己天生爱说大话，口无遮拦，但是他却并

刘邦：最厚黑的草根企业家

没有被自己的这些缺点所拖累，相反他懂得改变自己。在项梁集团的时候，他努力让自己温良忠厚，让军心稳定，人们都向着他，以为他是一位长者。进入关中后，他又改掉贪色的本性，安抚民心，让秦人也觉得他是一名有贤德的大王。

作为一名企业的领导，我们要时刻明白自己性格的缺陷和优点，及时地发现那些不足之处并加以改之，这样才会进步。如果自己明知道有缺点却不知悔改，这样的领导最终会被赶下台去；若是连自己的缺点都不知道，那么这个领导就是一个不知道自己几斤几两的人，因此他的前途也将是无望的。性格决定你的领导才能，决定你企业的发展前景。

第四章

成功的金钥匙

　　人才是治国安邦的重要因素，是成就大业的必要力量，在企业里人才就像是一个齿轮带动集团不停地向前发展。得人者得天下，失人者失天下。然而又有多少人能够真正地做到？刘邦为其中一人，虽然他只是一个无赖，可是身为草根的他却比更多达官显贵懂得用人。那么刘邦是如何在困境中依靠他人成就自己的呢？

刘邦：最厚黑的草根企业家

1. 高评三杰，用意自知

海水因天体的引力而涌起，引力大则出现大潮，引力小则出现小潮，引力过弱则无潮，这就是有名的海潮效应。在企业中我们要学会运用这个效应，怎么说呢？人才与企业的关系也是这样。企业需要人才，时代呼唤人才，人才便应运而生。对于一个企业来说，重要的是要通过调整对人才的待遇，以达到人才的合理配置，从而加大本企业对人才的吸引力。现在很多知名企业都提出这样的人力资源管理理念：以待遇吸引人，以感情凝聚人，以事业激励人。

刘邦在事业上一起步就知道人才的重要性，萧何是自从他做亭长的时候就认识的，一直跟随他到得到天下，直到刘邦死去还忠心耿耿地保护着大汉的疆域。为什么刘邦能够这样让萧何对他一直忠心到底呢？这是因为刘邦有人格魅力，而且懂得如何用感情凝聚人。当然，刘邦和萧何的感情要从很久以前说起了。他们第一次见面，萧何就觉得刘邦气宇轩昂，气度非凡，面相大富大贵，心中就乐意与他交往。而刘邦看到萧何后也觉得他是一个不同寻常的人，两人经过畅聊后更是惺惺相惜。后来，刘邦被任命为押解劳役去咸阳的监工，萧何送了五百钱，是所有朋友中送的最多的一个人，可见俩人的感情是很深厚了。在刘邦的一生作战中，萧何屡次为刘邦出计谋揽人才，帮助他成就了许多的大事情。那么是因为萧何一厢情愿地做着辅助刘邦的事情吗？我们知道当一个领导不能给下属一个很好的待遇和感情时，是没有人愿意跟着他干的。刘邦知道萧何对他的好，因此在当上皇帝的时候封了萧何最大的官，又对他的家人进行了封赏。对于萧何的功劳，刘邦毫不保留地给予了中肯。他把萧何比作一个猎

人，其他的将领比作猎狗。在打猎的时候，是猎人引领着猎狗找到了猛兽，这样猎狗才有机会捕捉住猛兽。也就是说虽然萧何是一个文人，但是他以敏锐的战略思想带领大家抓到了猛兽，是一个统帅人物。刘邦这样大胆地封赏来报答萧何平日里对自己的辅助。可见，刘邦乃是一个不吝啬钱财的人物，也懂得如何知恩图报，这对于一向忠诚的萧何来说更加对他佩服和恭敬。刘邦死后的很长一段时间内，萧何虽然一大把年纪但还是忠心耿耿地保护着太子，保护着这个他和刘邦一起创建起来的企业。

【典故回放】

公元前202年，刘邦率领众人打败了项羽，于是就商量着论功行赏的事情。当时每一个人都觉得自己功不可没，争论不休，封赏的事情进行了将近一年也没有个着落。终于有一天刘邦将诸位领导召集过来重新商议这件事情。刘邦心里已定萧何功劳第一，当他向众人公布这一个决定时。大家有了一丝地不满："萧何只会舞文弄墨，打仗的时候全是我们这些人在拼命，把脑袋都快扔到战场上去了，为什么是他功劳最大呢？"有人提出了质疑。刘邦以猎人、猎狗与猛兽的关系为大家分析了一下。他把萧何比作是一个忠诚的猎人，只有猎人凭借智慧找到了猛兽，猎狗才会去捕捉猛兽，一席话说得大家都没有了争辩的余地。轮到评定位次的时候，大家都觉得曹参为第一名应该当之无愧。当时，刘邦心里还是想让萧何第一，这时候关内侯鄂千秋顺着刘邦的心思说道："曹将军虽然保护汉王有莫大的功劳，但这只是一时的功劳。想当年，战争持续了那么几年，失败的次数也有好多，士卒也大量逃离了，陛下不得已转战很多地方。要不是萧相国一直在后方补给粮草，大家早就饿死在战场了。另外，陛下虽然多次失掉肴山以东的地区，但相国一直在帮助陛下保卫关中等待陛下归来，这是一世的功勋，怎么能够让一时的功勋高于一世的呢？在战场上即使失去无数个曹将军也不能抵得上一个萧相国啊！"这一番话说到了刘邦的心坎

刘邦：最厚黑的草根企业家

里，大臣们对此也无言以对。刘邦不仅大封了萧何同时还给推荐萧何的鄂千秋加了赏，除了封关内侯以外，又多加了一个安平侯。那一天，刘邦还将萧何的十几个家人都封了官职和钱财，还特加封萧何两千户，是为了报答当年他去咸阳押送劳役时比别的同事多给的二百钱。

刘邦对所有的将军都按功分封了，萧何位居第一，曹参第二，张良第三。他对萧何的恩准还不止如此，别人必须按照上朝的礼节来，而萧何则可以佩剑穿鞋上殿，可见对他的突出贡献的肯定。

【小中见★】

刘邦对萧何的分封，我们可以看出萧何确实做出了不少贡献，但是更重要的是他发现了一个企业伯乐。这个伯乐看到了他这匹千里马的潜在价值，并给予他一个发展自己的机会。在现代的企业管理中我们要学会用一些薪酬待遇留住人才，不要心疼自己投入的巨大钱财，要知道一个好的人才带给你的将是你投入钱财的很多倍。对于企业人才的留用方法，大家还是要多看一下刘邦的用人之道。

2. 诚留张良，聚散有缘由

没有一个企业是凭借一个人的力量创建起来的，只有靠大家的力量才会最终走向成功。然而，人多并不是建立企业的唯一因素，一个最为关键的因素就是人才的留用，企业领导要思考的是如何让自己得到贤才的辅助，如何留住一个让自己心里喜欢又懂得自己想法的人才。

　　张良的一生充满了传奇色彩，他是刘邦所有人才中出身最为高贵的一个。也许正是他出身好再加上他为人处事很合刘邦的口味，刘邦一生都在恭敬地叫他子房，而不是像对其他人一样动则出口大骂，连萧何也不曾避免过。张良为什么会让刘邦喜欢，而刘邦又是如何把张良"据为己有"呢？其实，张良最初是为了复兴韩国而和刘邦走到一起的。当时秦国的暴政引起了全国的反抗，韩国也没有示弱，举起了反秦的大旗。只可惜力量太小，韩国被灭，张良没有办法只好带领了一百多个起义的志愿者，一起去投奔景驹，希望能够得到他的帮助重新恢复韩国。在路上，张良遇到了同去投奔景驹集团的刘邦，两人一见如故。刘邦是一个虚心学习的人，喜好听别人的言论。张良刘邦两个人坐在树下一起讨论了天下其他集团的发展趋势。张良通读了大量的兵法，又得到黄石公的兵法书，因此讲起来头头是道。两人一聊就是一天，看看天色已晚，就又在马背上边走边聊，大有相见恨晚的感觉。张良在博浪沙的事迹，刘邦有所耳闻，对于这位文弱之人感到十分敬佩。而张良觉得刘邦虽然言语粗俗，但是对他讲解的深刻话语他一听便能领悟，便有了一种"沛公真是一个人才"的感觉，他觉得自己遇到了他要侍奉的主公。在后来刘邦的一生作战中，张良虽然一直到韩王信死后才彻底地跟随刘邦，在此之前一直像一个客人在刘邦身旁出入，但即便如此他也给刘邦出了很多的计谋，比如说帮助刘邦度过鸿门险境，为刘邦解除分封中诸侯的疑问，避免了一场内部战争等。

　　作为企业的领导者，刘邦没有排除张良的妙计，相反他对张良提出的建议几乎没有不采纳的。对于张良的离去，刘邦知道最好的就是不为难他，让他自去自留，虽然心里面很舍不得人才，但却并不强逼。并且，在张良最后一次离去的时候给了他黄金百镒，珠二斗，当时的一镒是二十四两，一斗是十升，也就是给了张良两万四千两黄金，二十升珠宝，拥有那么多的财物在当时可要算得上是一个大富翁了。可见刘邦的用人术就是待遇一定要给好，这样员工才会心存感恩，也会给你留下一个好的印象。

刘邦：最厚黑的草根企业家

【典故回放】

张良和刘邦在项梁集团待了一段时间后，张良就以要恢复韩国为由向项梁要了一些兵马回去恢复他的大韩去了。刘邦虽然舍不得这个和他有着共同语言的好朋友，但是并没有阻拦他，他觉得人各有志，不能随意改变他们的志向。

刘邦接着带领军队一边帮助项梁反秦一边为自己增加力量。公元前207年4月，天气还很冷，刘邦来到了曾经是韩国领地的颍川、南阳诸郡一带，假借张良复国的名义在这里攻城略地，为的是壮大自己的部队。正巧赵国的一名将军路过此地，刘邦怕他先行入关，于是出兵挡住了他的去路。就这样为了争夺进入关中的权力，六国互相倾轧的事情开始了。刘邦既想阻止别国的人进入关中，又要和联军一起与秦军作战，一下子左右难顾，结果在与秦军的一次会战中失了手，兵败退回阳城。这一搅和张良第二次来到了刘邦的身边。原来，韩国恢复后，秦国并不让他们安生，经常攻打韩国，弄得张良带着韩王四处奔跑，听说刘邦在此地落脚便来探望。刘邦十分高兴，向韩王行过礼之后就把张良拉到一处说话。"张先生，我可想死你了。"刘邦开心地说道。张良也说道："沛公，我也一样把你挂在心上。"这时候，刘邦说了一句让张良很感动的话，"张先生有所不知，我想你和你想我不一样。你只是把我当做你的朋友，而我却把你当做我的一个臂膀，你走之后我觉得我仿佛失去了一个臂膀。"刘邦说着情不自禁地流下了眼泪。刘邦的态度让张良很感动，这时候刘邦又顺便说道，"你和韩王一时半会儿也不能够顺利复国，不如先和我一起打咸阳，等到天下定下之后，韩国的恢复就指日可待了。"张良听刘邦说的很有道理，于是说道"沛公乃天授也"。

【小中见★】

从刘邦对张良的态度上我们可以看出他是一个很善于捕获人心的人，作为企业的领导也要善于从员工的内心深处挖掘一些人性的本质，而不要只是做一些表面的工作。刘邦利用了人懂得知遇之恩的这个微妙关系，让张良一次又一次地走到自己的身边，协助自己，最终在韩王被项羽杀害后彻底地跟随自己左右，为刘邦立下了汗马功劳。

对于不同的人才要用不同的态度来对待。张良属于贵族公子，身上带有一些文人的气质，他的性格温文贤良，因而刘邦也对他厚爱有加，一直都对他以礼相待。如果一个领导不能因人的特点选择不同的方法对待他，那么就不会收到显著的效果。企业的领导在用人上一定要找准不同类型人才的特点，从根本上让其信服自己，从而达到人才为己所用的目的。

3. 不拘形色，郦食其驾到

企业用人也一样，人才可能来自各个层面，然而我们岂能因为他们的身份尊卑不同而有所厌弃或者喜好呢？如果一个企业太刻意在意人的出身和处境，那么，这个企业就会失去很多竞争力，失去很多站在同行前面的机会。

刘邦不是这样做的，他是怎么做的呢？从出身上来讲，神话毕竟是神话，可现实中他实实在在就是一个农民的儿子，一个穷二代。也正因为如此，刘邦了解下层人民的疾苦，深刻体会到被人看不起的感觉，也正因为贫穷，他养成了一个慷慨大方的个性。也许有人该在这里提出质疑了，贫困怎么可以让人变

刘邦：最厚黑的草根企业家

的慷慨呢？他自己都没有吃没有穿的，拿什么去救济别人呢？刘邦怎么做到的呢？别人见他性格豪爽，经常会有一些豪杰拿一些钱来接济他。自然这钱不是自己的，那么给了别人也没有什么可心疼的，还可以借此扩大自己的名气，刘邦就是这样想的，因此，钱多或者钱少的时候都会给别人一些。说他的这个性格又有什么用呢？我们要讨论的是他的用人之道。

之所以要说到刘邦这种无拘无束、随心所欲的性格，是因为这正是他用人上的与众不同。下面将要出场的人物是谁呢？是一个大家都知道的挺胆大的一个老儒生——郦食其。刘邦见到他的时候，郦食其已经是一个前脚跨入坟墓的老头了。他是一个很有志气的人，儒生这个身份可不被刘邦看好，很久以前他见到儒生一生气就怒气冲冲地往人家的帽子里撒尿。对于郦食其这个又老又没听说过的人，他会接见吗？天生对儒生不喜欢甚至是厌恶的刘邦能接受一个儒生的进谏吗？可是，刘邦不是一般的人，他的性格让人猜不透，他的做法也是稀奇古怪。咱可别以为刘邦是一个真正心肠直得不拐弯的人，他可不是一个没有心机的人，看看刘邦是如何用招试探这个郦食其的，企业也要学习一下他的辨人技巧。

【典故回放】

郦食其听说刘邦来到了他们的故乡，就托在刘邦手下当骑兵的老乡去说情。他之所以想要投奔是因为他看到许多当地豪杰的心胸其实一点都不开阔，一切的起义皆是为了自己的利益而做。郦食其很伤心，觉得自己的聪明才华怎么能够献给一些没有远大目标的人呢？于是他就一直在做一个看门扫地的工作，每日里都是邋里邋遢的样子。郦食其让老乡转告刘邦他是一个被别人喊做狂生的人，一个酒徒狂生，想要见上沛公一面。

沛公果然对这个别人口中的"狂生""酒徒"有了兴趣，让他进来。一进门郦食其就看到刘邦左右站立了两个丫头在为他洗脚，当时很生气，怎么可以这样张着两腿见客人呢？刘邦其实也没有正眼瞧这个郦食其，因为心里本身就对儒生不看好。但是当发现郦食其不像其他书生一样弯腰作揖，仅仅举一个浅浅的躬时，心里就有了一点小活动。郦食其本身是很不满刘邦的这个见客仪式的，可又不想就此罢休，于是平静地说道："你是想帮助秦国攻打诸侯呢，还是想率领诸侯消灭秦国呢？"刘邦一听大怒："你这个奴才相儒生，秦国暴政连年，天下人受秦朝的苦已经很久了，所以诸侯国才陆续起兵反秦。你怎么说我是帮助秦国造反呢？"郦食其说道："如果您下定决心聚合民众，召集义兵来推翻残虐无道的秦王朝，那就不该用这种傲慢无礼的态度来接见长者。"刘邦一听这话，立即知道自己遇到了人才，于是马上起来穿戴整齐，把郦食其请到上座并向他道歉。

郦食其知道自己遇到了真正的好领导，心中暗自说道："这小子，挺不赖的嘛。"于是开始向刘邦讲起天下的形势，然后又建议刘邦道："您把乌合之众、游兵散勇收集起来，总共也不满一万人，如果以此直接和强秦对抗的话，那就是人们所常说的探虎之口啊。陈留是天下的交通要道，四通八达，现在城里又有很多存粮。我和陈留的县令很要好，请您派我到他那里去一趟，劝他来投降。他若不听从的话，您再发兵攻城，我在城内可以作内应。"刘邦采纳了郦食其的建议，派遣郦食其前往陈留游说陈留县令，自己带兵紧随其后。不久，刘邦占领了陈留县城。为了报答郦食其的功劳，刘邦赐给他广野君的称号。

【小中见大】

刘邦在一开始的时候对郦食其的态度确实不够恭敬，但是，我们有没有想过这或许是一个领导试探员工的方法。刘邦很在意人才的培养和利用，但他决不是随便就滥用一个人的，因此他想要测试一下郦食其是不是一个真正的人才。也许他的做法带有了一点看不起的意味，但是聪明的人岂能看不出这里面

刘邦：最厚黑的草根企业家

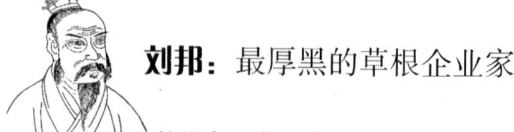

的迹象。如果你是一个伯乐，那么你就不怕千里马对你的不理不睬，最终他将会在你的引导下成就大事业。

企业对待人才不仅仅是要合理地测试出他们的才能，还要学会留住这个人才，刘邦在占有陈留后立即知恩图报，给了郦食其一个广野君的称号，这样做又有什么好处呢？刘邦是一个很好的领导，他很大方和慷慨，对于人才不能只用一次，最重要的是要长久地为自己所用，而对待人才的态度之一：待遇则是重要的一项。因此，刘邦利用了自己的慷慨特性，给予了人才很好的发展机会，也给了自己企业一个不断向前迈进的活力源泉。

4. 多亏分析，得了陈平一奇才

古语有云："用人不疑，疑人不用"，也就是说你要是想用这个人才那么就要彻底地对他放心不要再怀疑他，如果你怀疑这个人的人品和能力那么你就不要再用他。假若你既想用他却又心有怀疑，用的时候也放不开手，这个时候不仅仅是对企业造成影响还会对人才造成"摧残"，他即使是有才，看到你的疑虑神情也不会竭尽全力地帮助你了，因此，当你心中有了怀疑时就不要再用别人。刘邦是怎么样的一个企业领导呢？对于人才他正是因为做到了这一点所以才加快了他成功的步伐。

陈平本是项羽集团中的一名员工，但是在项羽的公司里，陈平有才却不被高傲的项羽重用。相反项羽这个人爱听信别人的话语，有人向项羽提起："陈平这个人人品有问题，他曾经'欺嫂盗金'，咱们不可用这样一个人。"项羽一听这些话，也不调查有没有原委，心中的怒气就起来了。他生平最恨小人的做法，因此对于陈平并不看好，甚至有一种厌恶的感觉。公元前 205 年春，陈平曾经在殷地降服的司马卬背叛楚国投奔汉军刘邦。项羽很生气，认为是陈平当时没有把事情办好，因此迁怒于他，从此对陈平的计谋都不再采纳。陈平觉得自己成了一个受气包，于是偷偷地将项羽封的印章和钱物都留给了项羽，只身前往刘邦军中。

陈平自幼学得一身的好本事，读书更是百里挑一的好人才，脑瓜转的不仅快而且在谋略上是无人能及。另外在红白喜事上做的是相当的不错，尤其是在分割肉类的时候，比谁分的都均匀。还有他天生豪爽，结交了不少的仁人志士。项羽不懂得珍惜陈平这个人才，反而疑惑他，虽然没有把他撵出公司，但是还是给人才泼了一盆冷水，陈平还怎么能安心地侍奉领导，为企业出谋划策呢？

【典故回放】

陈平偷偷地离开了楚军，一个人前往刘邦的军队，在路上渡黄河的时候，遇到两个船盗。陈平觉得他们看自己穿着华丽，料定认为自己有钱财，于是脱光衣服走到船头和船夫一起摇船。众人见他身上没有藏珠宝之物也就放过了他，陈平靠自己的机灵来到了汉军的地盘。

陈平经汉将魏无知的推荐见到了刘邦，两人谈论起天下事，颇是投机。刘邦很高兴，问他在项羽那任的什么职位，陈平说是都尉。刘邦立即封他为都尉，并让他留在身边做参乘陪他一起出游，还让他兼管三军校尉。这一下引起众多将领的不满，纷纷向前说陈平的坏话，说他贪图钱财，盗金欺嫂，这种人不可委以重任。刘邦经不起这么多人的评论，心中有所疑惑，于是让人把陈平请来，当面质问他说："听说你曾经帮助过魏王，后来又投奔了项羽，做了他的手下，现在又来投奔我，你的信义还怎么能让人相信呢？"陈平不紧不慢地说道："同样一件东西，在每个人的手中作用就不一样。我侍奉魏王，魏王不

刘邦：最厚黑的草根企业家

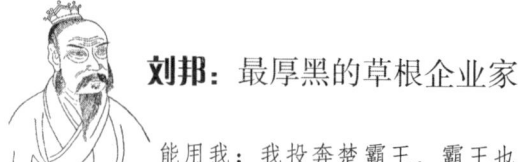

能用我；我投奔楚霸王，霸王也不信任我；所以我才来投奔大王。我久慕大王用人的贤德，所以不辞千里来投奔您。我来的时候什么都没有带，因此，接受了别人的礼物，没有钱我什么都不能办，也不能做。如果大王听信别人的逸言也不起用我，那些礼物我还没有动用，我可以如数奉还。还请大王给我一条生路，让我回家，老死故乡。"陈平寥寥几句话，化解了刘邦心中所有的疑虑，心中对他更加器重，立刻把他拜为护军中尉，专门监督各军诸将，并给了他很多的赏赐。

从这以后，陈平为刘邦出谋划策，他六出奇计，最终成为了刘邦安国定邦的重要谋臣。

【小中见大】

刘邦对于陈平的态度可谓是一心一意，虽然刚开始的时候因为别人的闲言碎语对他心生疑虑，但最终被自己的理智战胜了。刘邦很善于动脑，没有搞清楚的事情他绝不猜忌人，于是才给了陈平一个申诉的机会，也是他给的这个机会，让人才留了下来。

对于企业领导来说亲自看到的，亲自验证的才是最重要的。当别人在背后议论你认为很好的人时，不要轻信他们，而要细细分析，等到了解了事实的真相后再做最后的定论也为时不晚。在这一点上，企业领导们可要向刘邦学习了，项羽不懂领导艺术，把人才奉献给了别人还不知道。历史真是有意思，如果把项羽放在被领导的位置，相信他一定是一个可用之才，而把他定格在领导的位置上时才发现他仅仅只可以做一名员工而已，不是他没有才，而是因为他没有领导的艺术。

5. 暂不计较，巧用韩信

人生就像一个漫无边际的战场，我们要时刻做着生存的斗争，如果我们学会了宽容，学会了在小事上不计较，那么我们的征途将会走得更远，最后的胜利才会是属于我们。刘邦是这样的一个智者，他遇事能忍，遇到突发事件也会随机应变，不与人计较，以宽阔的胸怀化险为夷。韩信，大家都知道他是西汉的一名作战能手，如果拿到今天的企业中，他将会是一个实力深厚的企业策划的执行家，在企业与企业的竞争中他可以拿出真本事把别人打的落花流水。然而，任何一个人都难免有野心的时候，当初韩信依靠自己的本事打的魏国齐国燕国一败涂地，刘邦遇难的时候恰恰是韩信连战连捷的时候。他心中有了一个梦想那就是做齐王，于是斗胆向刘邦要求等他拿下齐国之后让自己在齐国做假王来治理国家。刘邦很生气，自己被项羽围困在荥阳，他不前来救自己，反而问自己要更大的官职来做。

【典故回放】

公元前205年，刘邦在与项羽彭城交战的过程中大败，刘邦无奈之下只好带领残兵败将退到荥阳。之所以选择荥阳是因为这里南靠嵩山，北临黄河，汜水穿境而过，成为洛阳的门户和函谷关的咽喉，后方又有粮仓敖仓供应，防御工事相当的严谨。刘邦打算在这里休养调整，并期待着韩信能尽早来解救他们。

刘邦：最厚黑的草根企业家

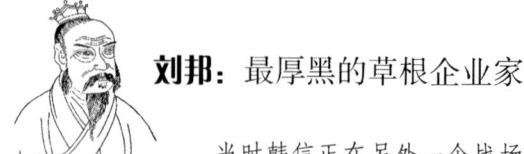

当时韩信正在另外一个战场打的不亦乐乎，他一连灭魏、循赵、胁燕、定齐。等到齐国安定下来，他有了称王的野心。于是，他向刘邦写信说："齐国狡诈多变，是一个反复无常的国家，南边又与楚国相邻，如不设立一个代理王来统治，局势将不会安定。"刘邦一看这个信，立刻暴跳如雷，大骂韩信不来解救他，反而要自立为王。张良立刻在桌子底下碰刘邦的脚，贴耳说道："咱们现在处于不利的境界，不如立韩信为王，好好善待他，使他自守一方，防止叛乱，他也定会知恩图报"。刘邦在怒骂之后心也渐渐地冷静下来，改口说道："大丈夫定诸侯，何以假王，应定为真王"。于是派张良亲自去齐国立韩信为齐王。

当然，项羽见齐地失利，就派人去和韩信沟通，想让韩信背汉联楚。韩信对项羽的使臣说道："我侍奉项王，最高的官职也不过是郎中，位不过执戟之士，我的计谋没有人听。所以我来到了刘邦身边，刘邦封我为上将军，给我衣穿，给我饭吃，还对我的计谋言听计从，所以我不能背叛对我这么好的汉王，请替我谢过项王的好意。"

由于韩信没有背叛刘邦投奔项羽，刘邦这一次在危机时刻有了转机，他不再是孤军奋战。

【小中见大】

有时候，我们会对于一些小事斤斤计较，总是觉得别人做错了应该对他有所惩罚，不懂得宽容之心，不懂得退一步海阔天空。我们可以想象一下，假如刘邦没有及时地冷静下来，而是让韩信的来使转告韩信让他死了这份当齐王的心，不要在大王危难之时咄咄逼人，那么韩信会怎么样做呢？也许他很快就意识到刘邦也是像项羽那样的人，不会懂得激励员工，很有可能就会对刘邦产生恨意，进而联合项羽一起攻打刘邦。如果是这样的话，就算刘邦有三头六臂也没有办法转败为胜了。

做事情之前我们都要考虑这件事值不值得做，该不该去做，以及如何去做，尤其是企业的领导不要被别人一时的不当要求而发怒。要知道，你的一个不计较将会给自己带来不只是一个短期效益，更多的是长期回报。我们可以看到，由于刘邦对韩信的重用以及大度，韩信一直很忠诚地在刘邦集团待了下来。没有任何的抱怨，也没有想过要等自己强大以后自立门户，最终一直辅助刘邦坐上了企业的最高领导位置，这就是刘邦的不计较带给他的收益。

6. 叛军投奔，我亦容之

人才只有选对了领导才会创造出最佳的业绩，事出必有因，这是一个客观规律。如果你的员工背叛了你，跳槽到别的企业，那么你就说这个员工不是一个好员工，不是一个忠诚的人。对于人才的跳槽，我们不能一概而论，在生活中我们会遇到这样的情况，那就是你的朋友却是你对手的员工，你也许会觉得这样很不好，因为在竞争中会想到我要不要考虑朋友的感受，当你觉得你的态度对对手有点过分的时候，你会想要不把朋友拉到你这边来。朋友和敌人我们往往不能够很好地把握，这两个关系是有那么一丝的微妙。然而，当对手投奔到你的企业时你又会多虑，这个人原来是帮助别人干的，现在由于我的强大又投奔我这里来，他是一个三心二意的人，我该信任他吗？

刘邦是怎么样对待对手的员工呢？他一生中不管是对仇恨自己的人还是自己仇恨对象的员工，从来没有为了报自己的仇而耽误了大局的发展。对于这两类人才，他是来必安置，走便不留，保持着一个宽大的胸怀。正是他的这种仁爱的态度让投奔他的叛军都对他忠心耿耿，到最后也没有人背叛。刘邦对待敌

刘邦：最厚黑的草根企业家

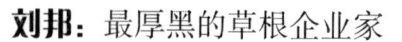

人的态度有一个很大的特点那就是先劝降，如果实在劝降不了就再攻打。在攻打的时候他不会轻易地杀死有才之人，对于被俘的军队也不会杀之，要么是改编成自己的人，要么是放他们一条生路。

在历史的记载中，子婴是秦朝最后一个皇帝，那时候反秦浪潮已经遏制不住了，秦朝的地位即将不保。赵高欲立自己为王，可是下面的人不乐意，他做领导人品不好，人气不足，因此员工都不愿意他当顶头上司。赵高没有办法，只好找一张羊皮披在自己身上，这张羊皮就是子婴。子婴其实知道自己是个傀儡，不过还好他天生比他叔叔秦二世强，即使在秦朝最后的日子里他还是没被赵高掌控。他知道赵高要投奔项羽继而杀死自己，子婴就利用自己的聪明才智先下手把赵高这个小人给杀死了。可怜子婴只当了四十几天的皇帝就被刘邦入关招降了。刘邦是如何对待秦朝这最后的一名皇帝呢？是一刀杀死还是宽容地接纳？刘邦又是如何安抚敌人的员工呢？

【典故回放】

子婴只做了46日皇帝，刘邦就来到了咸阳。他没有像其他的秦军一样一看到强大的势力压来就临阵脱逃了，他还有一点自己的尊严，于是派将领与刘邦作战。刘邦没有迎面和秦军打起来，相反绕过峣关，越过黄山，在蓝田一带大败秦军。

公元前206年，刘邦来到了霸上，他没有立即攻打子婴，而是先派人去和子婴交谈，劝降子婴。子婴考虑到众多百姓和军队的性命，自觉力不能敌，不如厚爱自己的子民，让他们少受一点痛苦。于是，子婴接受了刘邦的劝降。子婴和妻子用绳子捆缚着自己，乘坐白色马车，穿着死者葬礼时所穿的白色衣服，携带着皇帝用的东西，包括玉玺和兵符，在轵道（今陕西省西安市的东北）亲自到刘邦的面前接受投降。

秦朝在子婴投降这一刻正式灭亡。对于子婴如何处置，众将领各有说辞，

大将樊哙主张杀死这个秦朝小皇帝。刘邦下面的员工大都是楚人，都受过秦朝的暴政，因此也要求子婴血债血还。而刘邦则想了又想，并没有立刻把子婴杀死，反而很镇静地对群臣说道："当初怀王派我西入秦关，看中的就是我待人宽容。再说子婴已经投降，现在杀了他就多了血光之灾，不吉利。"最终刘邦把子婴交给了随行的吏官照看，以待过后怀王或罚或赏。对于子婴的降军，刘邦统一整编，并没有杀死任何一位人，对待他们也如对待自己的军队一样。大家看到刘邦如此仁爱，都想让刘邦早日成为汉中的大王。

【小中见★】

秦朝的灭亡并不是因为子婴的投降而灭亡的，子婴只不过是恰恰赶到了这个时期。是嬴政的残暴和无情，是赵高这些小人的专横造成了天下反秦的趋势，没有子婴的投降，秦朝也会在时代的呼呼下退出人们的视线。刘邦顺应了时代的要求，做起了反秦的事业，他要建立一个和秦朝不一样的企业，这个企业要有忠诚的人才，要有互敬互爱的员工。

他做到了，无论是大将韩信还是萧何，亦或是张良都成为他忠实的助手，而手下的员工都是他的子弟，无论是自己家乡的人还是从别处接纳来的对手中的员工他都一视同仁，没有谁轻谁重也没有鄙视和厌恶。刘邦以一个仁爱的胸怀让自己的企业逐渐强大起来，现代的企业难道不应该从他身上学习一点如何管理员工的技巧吗？

刘邦：最厚黑的草根企业家

7. 文为师，武为将

把人才放在合适的位置才会发挥最大的作用，这是恒古不变的哲理。试想让一个瞎子去观赏花的美丽，让一个聋子去感受音乐的美妙，结果会是怎么样呢？企业也要遵循同样的道理，只有将人才放在一个适当的位置，让其发挥最具优势的特长，这样就会让企业的各个方面都会运转的很好。

"为政之要，惟在得人"。综观历史大势，但凡创造出辉煌时代的"执政者"未必有过人之文韬武略，却必定是重才用才，广纳天下英才并使之"各尽其才"。刘邦做到了这一点，他不是一个文韬武略的全才，却是一个很会用人才的领导。他懂得"为天下者譬如作大厦，非一木所成，必聚材而后成"的道理，因此，在他马背打天下的一生中都在网罗人才。当然，懂得网罗人才并不一定能辅助自己把事业打理好，只有懂得了将这些人才放在哪些位置上，如何把他们的特长发挥出来才更好。刘邦手下有屠夫、卖布的、狱吏、逃犯、还有贵族等，每一个人的身份都不一样，特长也不一样，有的善于开拓市场，有的善于营销，有的善于协作，各有特色。刘邦并没有让自己的思想混乱，他明白各司其职的重要性，竭尽全力地把所有人的特长都发挥得淋漓尽致。

关于人才的定位，刘邦也有很好的判定，他是根据各个手下在工作中的表现来作出决定。比如韩信擅长打仗，也就是说他是一个很好的市场开拓者，于是就任命他为上将军，领军打仗，开拓自己的市场。张良善于出谋划策，可以运筹帷幄，决策千里，是一个很好的军师，但他不擅长打仗，那么他就是现代企业中领导的秘书。再说萧何，萧何善于做后勤工作，每到一个地方都可以把别人的东西，比如印章、工艺制作材料之类的拿过来，很善长做财务，是一个后勤经理。虽然他做的都是一些幕后的工作，前面的人很难明白他的工作性质，就像今天的企业中，在外面开拓市场的经理们总是认为他们是最辛苦的人，所得的报酬应该是最多的。其实不然，如果后方没有人给他们谋划，你知道哪一个地方有市场？你懂得下一步可以去哪开拓？或者是没有人告诉他们这笔货物究竟需要花多少钱，如何确保以最少的代价得到最大的利润，那么他们的工作就很难展开。因此，后勤的工作是一个表面没有多重要，但实际上却是最重要的事情。刘邦明白这些人的特长，因此没有像项羽那样不知道如何用人。项羽当初明知道陈平并不善于打仗却自以为是地让他带兵打仗，结果陈平碰巧打胜了仗，后期却又不小心被小人夺了去，项羽就把责任归咎于陈平身上。其实呢，错并不在陈平，怪就怪项羽这个领导不懂得把人才放在最合适的位置，一个文人怎么会打仗呢，最多是帮你出谋划策罢了。刘邦则不同，谁会干啥，那么你就去做你擅长的事情去吧，但是有一点一定要做出名堂。他天生是一个当领导的料，人都安排得合合理理的，于是没有人抱怨这个领导安排得不妥当，也就很努力地为刘邦卖命了。

【典故回放】

汉高祖有一次在洛城摆下了酒宴，邀请各位诸侯都来吃饭喝酒。在酒桌上，刘邦让大家评论他为什么会得到天下，而项羽集团为什么在前期那么强大，后期却逐步地变弱，以至于西楚霸王没有得到天下。

众将领议论纷纷，有的人说是因为项羽那个人太残暴，每攻打一座池城就要屠之，而且在用兵上只有勇而没有谋。陛下则是对人厚爱，在战略上又有计谋，所以会得到天下。其他人还有一些另外的说法。刘邦听后笑了笑说："大家只知道其一，而不知道其二，我之所以有今天是得于三个人。在运筹帷幄，决胜千里上我不如张良；保卫国家的安全，抚慰百姓，给后方军队提供食粮，

刘邦：最厚黑的草根企业家

我不如萧何；率领百万之众，战必胜，攻必取，我不如韩信。他们都是人杰啊！正是因为我拥有了这三个人，他们陪伴在我的身边给我出谋划策，我才取得了今天的胜利。而项羽虽然很勇敢但是却不善于用人，唯有的一个范增还用不好，这就是他失掉天下的原因。"

各诸侯将军听了刘邦的话都称赞他评论的很正确，刘邦也感慨无限。项羽的死给了他很大的震撼，如果一个领导不善于用人，那么即使自己再有勇有志也不会凭借一个人的力量得到天下的。

【小中见大】

人才是治国安邦的重要因素，对于企业来说，是与同行竞争的法宝之一，可以这样说企业的竞争就是人才的竞争。那么，我们如何对待人才呢？在这里，我们不得不佩服刘邦的坦诚，他没有嫉妒人才反而把赞扬之词溢于言表，可见他是厚爱人才的。在企业中，领导要学会用一颗坦诚的心态对待人才，不可因为你是领导而不愿意暴露自己的缺点。你要明白，之所以你做领导并不是因为你有才能，而是因为你有管理才能的力量和魄力，因此，在人才问题上一定要明白态度是很重要的。

英国管理学家德尼摩提出：凡事都应有一个可安置的所在，一切都应在它该在的地方，这被称为德尼摩定律。这个定律告诉我们每一个人每一样东西都有一个它最适合的位置。在这个位置上，它能发挥它最大的功效。对于企业来说德尼摩定律要求他要按员工的特点和喜好来合理分配工作。如让成就欲较强的优秀职工单独完成具有一定风险和难度的工作，并在其完成时给予及时的肯定和赞扬；让依附欲较强的职工更多地参加到某个团体中共同工作；让权力欲较强的员工担任一个与之能力相适应的主管。同时要加强员工对企业目标的认同感，让员工感觉到自己所做的工作是值得的，这样才能激发员工的热情。刘邦给现代企业领导做出了一个正面的榜样，项羽给我们企业领导做了一个反面

的例子。对于企业人才的态度还是要多学习一下刘邦，把人才放在合适的位置，让人才做他们最擅长的事情，让他们各司其职，做到人尽其才，才尽其能，这样才会给企业带来至高的收益。

8. 与人才谈待遇

对于好不容易得到的人才我们该如何留用呢？我们除了给予他们发挥自己才能的机会，把他们安置在适合他们的位置上之外，还需要做点什么呢？如今，我们可以看到有很多公司的员工总是在不停的跳槽，我们来分析一下这里面的因素。

（1）员工把这份工作做够了，不想再做了，想换一个新的工作环境。

（2）员工觉得这个企业的领导太不好，不懂得关心体恤下属，就算员工尽了最大的努力，领导也总嫌自己在偷懒。

（3）企业的待遇太低了，每一个月自己给公司带来的利润不只是一点，可以说是自己工资的上百倍了。

（4）这个城市的消费水平这么高，什么都在涨价，为什么公司就不给员工涨工资呢？生活不下去了，还是另谋高就吧！

（5）企业的规章制度很混乱，不是我理想中的企业，在这里我没有多少发展空间，还是早一点走好。

员工的普遍跳槽除了有少数几个是因为自身原因外，其他的大都与企业本身有关，要么是领导管理的不够好，要么是企业待遇让员工感到不满意。也许有的企业会狡辩道：那是因为他们没有给公司创造出多少利润

刘邦：最厚黑的草根企业家

来，工资是要和他们的绩效挂钩的。其实我们不需要找这么多借口，如果全公司的人有一大半员工都在抱怨待遇和领导的问题时，企业就该自己找一下原因了。

陈平、韩信等人为什么要从项羽集团跳槽呢？从这两个人身上我们来思索一下企业人才跳槽的原因。我们发现陈平和韩信跳槽的原因都在于项羽对待人才的态度，项羽对陈平先是客气对待，后来因为陈平攻打下来的城池又被人夺走了，项羽开始大怒，从此不再采纳陈平的建议。本来在项羽手下陈平的官职就不高，这一次事件之后，项羽又把职位给他降低了。陈平觉得自己是一肚子才华呈现不了，于是就无奈地跳槽到刘邦集团里。韩信也是如此，在项羽集团里，做一个小小的执戟郎中，郁郁不得志。从项梁那时候就等被重用，结果等到他侄子项羽做上霸王也没有见重视他的意思，看到自己前途无望，于是赌气离开了项羽集团，来到了刘邦的企业。但是一开始，刘邦也没有重用他，只让他做了一个看粮仓的小官，不过韩信还是等到了大展拳脚的那一天，从此开始了叱咤风云的战场生活，可谓是将自己开拓市场的能力发挥得畅快淋漓。

那么，刘邦是如何给人才谈待遇呢？

【典故回放】

韩信在刘邦军里面得不到重用，郁郁寡欢，恰恰有一天又犯了法，按规定当斩。在刑场中遇到了监斩官夏侯婴，夏侯婴听到韩信说："难道汉王不想得到天下吗？为何要斩壮士？"夏侯婴听他说话不凡，斗胆放了他，和他交谈后又把他推荐给萧何。萧何很赞赏韩信，就向刘邦推荐。可惜刘邦看不起韩信，觉得他很普通。韩信得知刘邦的态度后，觉得自己在这里还是没有发挥才能的机会，于是就在一个夜晚逃跑了。萧何得知后，顾不上向刘邦说明原委，骑马就去追赶。

刘邦听说萧何也逃跑了，感觉很震惊。后来，萧何回到军营，刘邦质问他为什么要逃跑。萧何向他讲明原因，刘邦沉思了一会儿，于是说道："我拜他为将军怎么样？"萧何说："那不行，当将军他还是会逃跑的。"刘邦说："当将军还要跑啊？那就拜为大将军吧！"萧何立刻说道："这样是最好不过了。"刘邦对萧何又说道："你把韩信叫来，我封他做大将军。"萧何不同意刘邦的建议，说道："对于人才，我们要学会尊重，不能像对待猫儿，狗儿一样。你必须要做齐四件事，一是选一个黄道吉日，二是戒斋，三是筑坛，四是具礼。只有这样做才显示出你对待人才的尊敬，韩信才会尽其所能为你奉献才智。"刘邦听从了萧何的建议，在一个吉日里恭恭敬敬地拜韩信为大将军。

当然，刘邦在这之前并没有和韩信交流过，于是拜完之后，就让人把韩信叫了过来。韩信和他谈起项羽的事情，他说道："当今和大王争夺天下的是项羽，可是如今的力量是谁的大呢？"刘邦思索良久说道："我不如他。"在一番谈话后，刘邦只觉得与韩信相见恨晚，立即觉得用对了人。

【小中见大】

待遇该怎么定呢？当然我们不能说多少就是多少，也不能听信某一个人的片面之词说这个人有才，这个人就该重用等。我们要亲自考验他的能力，刘邦做到了，他虽然听了萧何的话恭恭敬敬地封了韩信。可是给予了员工这样高的待遇，总不能白给吧，自己要看一看他的本事才好啊！于是，他就让韩信去他办公室面谈。我们知道人才有好几种，有只会用文字形成语言的，有用行动见证奇迹的，有用语言表明自己的。韩信虽然说不上是一个交际家，但是他说话是很有水平的，思维见解都独到，因此韩信与刘邦的交谈让刘邦有了相见恨晚的感觉。

待遇也是一种激励机制，员工对企业的忠诚度有50%来自企业的待遇，30%来自于领导对员工的态度，而剩下的20%则是来自于自身因素。因此，

刘邦：最厚黑的草根企业家

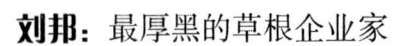

作为企业的领导不能不转变对待人才的观念，不仅要学萧何一样尊敬人才，而且要像刘邦一样能够及时地认识到自己的不足，给予人才应当的待遇甚至更好的待遇，这样才能留住人才，为企业的长期发展打下坚实的基础。

第五章

谁为高明做嫁衣

中国有句俗话：三分知识，七分人情。在企业这个大集团里生活，为人处事懂得一些方圆艺术会对自己大有益处。刘邦当年还没有足够实力成就大业时，他首先考虑的就是先"傍大腕"，当时最有实力的"东家"就是项梁。刘邦并不是单纯地找个大牌集团好好工作，而是想为自己的弱小暂时找一把保护伞。然而，进大企业的机会并不是每一个人都有的，凭什么刘邦就有了这个机会呢？

刘邦：最厚黑的草根企业家

1. 厚黑，力量增强之源

"厚"的一种基本形式就是忍，然而在厚黑学中所说的"忍"字并不是低三下四，甘愿受他人摆布，受他人屈辱，而是一种积蓄能量的形式。力量小的时候，不强出头，不以软碰硬。有时候，看似吃亏的"忍"，不去占便宜，不去搞私利，结果却往往会给我们带来意想不到的结果。厚黑学教会我们人活一世必须要学会忍耐，学会吃亏。

刘邦在打天下的时候，也正是靠着自己的忍让，先是吃亏，然后才得到了回报。综观刘邦的一生，我们可以看出有时候一个弱者并不见得就是一个弱者，只要你有恒心懂得积蓄力量，不怕吃亏，那么这股力量最终会在你的不屑中悄无声息地膨胀起来。

【典故回放】

刘邦当初势力非常的薄弱，经常吃败仗，被项羽围困在荥阳时，请韩信来救，结果韩信要求给他封王才行。刘邦大怒："他妈的，我坐困荥阳，日夜求你来救，你不来也就算了，还要自立为王……"张良立刻制止了他说："现在我们需要韩信的帮忙，不如先满足了他的欲望。"刘邦是何等聪明的人啊，立刻不露声色的转变了语气："做什么假王，大丈夫要做就做真王。"韩信得到封王后立即解困了荥阳。后来刘邦让韩信、彭越去攻打项羽，但他们又按兵不动。究其原因，是嫌刘邦没有给他们封地，也没有答应成功之后有什么好处。刘邦又一次忍住了心中的怒火，于是许诺与他们俩个人平分天下。刘邦在争霸

天下时每一次都是不得已才采取的忍让，但他一直认为君子报仇十年不晚，在得到天下之后就把那些天才们一一诛杀了。

【小中见大】

我们不赞成刘邦那种先用后杀的"厚"手段，但是，他创业时期那种"厚"的处事方式却值得现在企业领导人借鉴和学习的。

对于年轻气盛的人来说，隐忍不易做到。隐忍不是胆小也不是懦弱，而是一种实力的证明，我们可以想象到，假如刘邦当初没有忍隐，又怎么能够得到天下呢。

在社会交往中，懂得厚黑学的人都善于衡量对方的实力和潜力，而后确定自己与之交往的方式。但也有一些人不懂得忍让，遇到一点小事不假思索就与对方吵闹起来，这种人很不明智。不知道自己几斤几两的人往往看不到自己的实力，也就越容易掉进困境中。作为企业的领导，我们要懂得"君子报仇十年不晚"的真正作用，有智慧的人愿意把这句话当做奋斗的目标，而不是为了日后的报复。

当企业处境还很弱小的时候，企业领导要懂得一点厚黑学的艺术，先忍耐一下强者对你的不屑，然后寻找机会，一步一个脚印地壮大自己，最终会有一天超过他们的。

刘邦：最厚黑的草根企业家

2. 职场做人，察言观色

察言观色是人际交往中一个重要的技巧，不会察言观色，就等于你不知道风向便去使舵，弄不好就会在风浪中翻了船。

我们在人际交往上也是如此，学会察言观色才会让人喜欢你，才会做事做的有水平。刘邦就是一个察言观色的高手，他会及时地观察到对方的表情并转变不同的语气。在项羽集团的时候，由于自己的势力还不够强大，他只好低着头做人，怎么做人的呢？他看项羽的脸色行事，比如第一次见到项羽的时候，他本是一个粗俗的人，在赞美虞姬的时候难免少不了说话不当。但是他看到项羽脸色有变时，立即不再说下去，而是转到天下大势和夸赞项羽的美德上。这下项羽就高兴了，高兴完了俩人就结拜为兄弟。虽然俩人心里都打着小九九，可是刘邦还是靠自己的眼色为自己找到了一个可靠的跳板。另外，在项梁集团里，刘邦为人一直都是小心翼翼的，凭借自己察言观色的本事得到楚王的看重，并在今后的决策中毅然把去攻打关中的机会给了他，可见其在职场上的本事高超。

【典故回放】

汉高祖喜欢和自己的部下谈兵论将，认为各有所长。他当皇上后，这个习惯也没有改掉。

有一次，汉高祖召集群臣一起讨论用兵之道，他问韩信："你看像我这样

的人能带多少人呢？"

韩信不假思索地说道："陛下不过能统率十万左右。"

刘邦又说道："那么大将军，您可以领多少兵呢？"

韩信自信十足地说道："当然是越多越好了。"

刘邦听了这话心中有一丝不开心，当着这么多人的面竟然说自己带兵不如他，真是不知天高地厚。

刘邦又说道："你既然多多益善，怎么还被我俘虏了呢？"

韩信一看刘邦的神色已经有了不快，心中一惊知道自己说错话了，不该在陛下面前这么说。不过还好，他又赶紧找了几句措辞，说道："陛下不善于带兵，但是很善于带领将领们啊！这就是我被您俘虏的原因了。"

刘邦听了这话心情才有了一点好转，但是对韩信刚才自以为是的话产生了很不好的印象，对韩信也就更多了一些提防。

【小中见大】

说到韩信，大家都觉得他是一个很好的市场开拓者，不怕吃苦也不怕前途危险，可是在与刘邦的谈话中却显示出他不懂得察言观色，这怎么不让刘邦对他耿耿于怀呢？不会看时机说话对韩信来说又让自己的命运在刘邦面前少了一份保险。古时候，像韩信这样直白的性格，十有八九都会没有什么好下场。

察言观色有时候是一种生存的本事，一个领导或者一个员工都应该学会看时机说话，什么话该说还是不该说，什么时候该唱红脸，什么时候该唱白脸都要三思而后行。语言就像是一把双刃剑，说的好听了会让人对你的印象打上一个OK的字眼，说的不当了就如一把锋利的剑穿透别人的胸膛，无论今后你表现的怎么好都无济于事。一位老板和一位外商谈生意，由于到了饭点，而外商老板的时间非常紧迫，于是两个企业的人决定边吃边谈。他们把饭局定在一个星级包房里，这里的服务以周到细致闻名。在席间，服务人员一直在按照规章

刘邦： 最厚黑的草根企业家

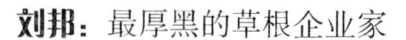

制度走，不断地介绍菜谱、倒茶、添菜、期间 30 分钟内换了两次毛巾，三次碗碟，不断地礼貌问道："先生，你是喝红茶还是绿茶？""女士你是喝热饮还是凉饮？"最后，中国老板终于忍不住了，说道："小姐，麻烦你不要在这里耽误我们谈话好吗？如果有需要的话我们会叫你的，请你先站到门外面吧！"此时，正在热情服务的服务员仿佛被泼了一盆冷水，茫然不知所措。因为她觉得自己很委屈，明明是在按公司要求走的，难道有错吗？

其实，错不在于服务员的服务态度，她既没有把菜汁洒在客人的衣服上，也没有冷落客人，一切都是按照标准来的。可是她最大错误就是没有分清楚这是一个什么性质的用餐，不懂得察言观色。一般来说在饭桌上衣着打扮都很职业化的人他们往往是把饭桌当成了谈判桌，这个时候他们需要的是安静的环境，而不是别人的打扰。如果是一群朋友来聚餐，他们往往是大量的人，每个人的需要都不一样，因此周到全面的服务是他们所需要的。

说出去的话如同泼出去的水，是收不回来的。在职场上，要学会懂得察言观色的技巧，管住自己快言快语的毛病。韩信是一个有着匹夫之勇，却没有什么人际交往技巧的猛士，他没有做皇帝的气魄和智谋，因此他失败了。这是他在职场上的失败。作为现在企业的领导或者员工，我们应当从刘邦身上学习一下做人的方圆艺术。

3. 他人门下，莫要逞强

一个弱小者，当遇到强大的人时，是逞一时之勇、冒死拼搏还是暂时吃亏，以待来时强大了再一绝雌雄呢？当然，有匹夫之勇而没有将领智谋的人会选择第一个，而那些斗智不斗勇的人则会选择来日再一决高下。

我们知道刘邦刚刚加入项梁集团的时候，他仅仅是一个寄人篱下的一个小将领，凭借着一点小事小迹，仗着释放劳役、芒砀山起义等事迹上表现出的小英勇博得了大集团的一丝好感，才同意他留在集团里工作的。刘邦自知比不上别人，出身不好，又没有多少正式的工作经验，因此收敛了他在自家兄弟面前的那副无赖形象，开始以长者的胸怀来做一名兢兢业业的员工。刘邦的收敛并没有让项羽这个大集团里的经理看在眼里，他对刘邦是什么态度呢？他心中有这么一个想法："不就是一个小兵吗？出身那么低，也配来到我们公司上班吗？真是不自量力啊！"项羽自始至终对刘邦都没有太好的印象，总觉得他是一个大傻瓜，心理上给予鄙视。

刘邦深知自己在没有任何资金，任何技术的时候不能和别人硬碰硬，因此总是默不作声，对于发生的任何事情都装成一个老好人。但是他的心里却有着一股不服输的精神，他暗暗发誓有一天一定要得到天下。可见，人若是有了志向，若是有了奋斗目标，就不能小看之。一个人在走入别人的集团前，就应该做好充分的心理准备。在陌生的环境里，对很多事情都知之甚少，需要时刻请教别人，如果这时候没有虚心、耐心，恐怕要吃大亏。如果一不小心，犯了错误，更容易招致他人不满，被同事埋怨、被领导批评。甚至有时候明明不是自

刘邦：最厚黑的草根企业家

己的错，可领导却认为是你的不对。这时候如果自命不凡或者火气太大，就容易引起争执，影响彼此间的关系，也会使自己的工作难以开展，所以，一定要做好低姿态的心理准备。

当然，我们要懂得低头不能低志，学会低头并不是说你要平庸于他人，而是要你在强者面前学会积蓄力量，在强者面前找到自己的人生坐标。刘邦戎马一生，不仅仅在项羽面前低了头，在儒生面前低了头，还在敌人面前低了头，可是他每一次的低头都是为了更好地壮大自己，每一次的低头都是在为自己的企业寻找力量的支点。作为企业的领导人，该向这位表面看起来庸俗，内心却大智大勇的人学习一番了。那么，刘邦在职场中是如何做到大智若愚的呢？

【典故回放】

刘邦投奔项梁后，遇到的第一件大事就是各路反秦豪杰关于立谁为王的事情。项梁召集了大家一起来商议，他先讲了天下目前的形势，反秦的趋势越来越明显，但是要想光复大楚还要走很多艰难的道路。分析完天下大事之后，项梁又接着说道："张楚王已经去世很久了，大楚复国的希望就落在了各位将领身上。我想早日拥立一位适当的楚王，对号召各方，凝聚力量是十分重要的。大家就对这件事发表一下自己的看法吧！"

拥立楚王是一件事关重大的事情，弄不好会使已经团结的力量变得涣散起来，因此大家都很谨慎，谁也不肯发言。过了好久，项梁又催促大家发言，他说道："大家不必拘泥于此，只要有利于反秦复国，什么话都可以直说。"

也许是项梁催的急了，有人直接说道："大将军出身将门世家，几世为上柱国，现在又身兼重任，起兵诛秦，功高日月，比起陈胜吴广有过之而无不及，大将军何不自立为王？"有人起了头，下面的附和声就多了起来，不断有人要求立项梁为王。项梁并没有立即表态，他向大家挥挥手。等到大家都安静下来，他转向刘邦，说道："沛公怎么认为呢？大家倒想听听你的意见呢。"

刘邦回头看看张良，张良两手做了一个推的动作。刘邦立刻领会到了其中的内涵，于是站起来说道："项大将军一家德披天下，对此早有定论。我刘邦没有什么话好说的了，唯大将军之命是听。"

这几句话说的很是巧妙，既尊敬了项梁，又把他抡过来的大棒抛了回去。

【小中见大】

刘邦在项梁集团的时候可谓是做事谨慎，凡事能不出头就不出头。他深知自己处在一个到处都是人才的公司，如果自己的一句话说不好，小则让同事排挤自己，大则很有可能丢掉在这个集团学习经验的机会。刘邦可不是一个表面上糊涂，内心也糊涂的人，他虽然在没有加入别人的集团前表现得吊儿郎当，说话也是满口的脏话，可是他心中还是有自知之明的。

在现实生活中，有这么一些人，他们不知道自己到底有几斤几两，总是觉得自己是天下第一。殊不知天下的人才多的是，天外有天，山外有山，就像一幢大楼，一层比一层高。如果你只是一个出身低微又没有受过多少教育的人，就不能只凭自己的一身野气在别人面前显摆你的霸气。这样，你永远不会服人，永远不会让别人对你产生好感，你也就做不出大事来。

职场中，没有资格和别人比的时候，先默不作声，低调做人，学习一下别人，提升一下自己的工作经验，学会一些人际交往的手段，先不要对升职抱有太大的希望。我们要懂得处在弱势的人，没有太多欲望的人，往往会在最后比那些有着很大欲望的人成功几率高一些，这对于以后的发展都有着不可言说的重要。

刘邦：最厚黑的草根企业家

4. 初生间隙，巧语哄项伯

人与人之间一旦有了一丝不愉快，那么这点不愉快就会影响到你们今后的关系。假如是在职场上，这点在外人看来是小小的不愉快但却可能影响到你的前途和要达到的目的。

我们知道刘邦是一个有志有勇的谋略家，而项羽也是位猛士。两个都有着同样目的的人碰到了一起，因进军关中一事之间有了深深的间隙。对于这个间隙，由于项羽是君子，只是怀疑却并没有真实的凭证，因此他没有做出轻举妄动的行为来，反而在痴心妄想着这个间隙能够被缝合。而刘邦则从这个间隙中逃出来后就做了拼个你死我活的准备。

在两个人的博弈中，我们来猜一下谁会是真正的胜利者呢？假如历史只写到项羽和刘邦在函谷关对峙，那么接下来的事情按照常理我们一定会认为是项羽胜利。原因咱们可以来分析一下，第一，项羽是一个高贵的人，品质高贵，身份高贵，再加上势力比刘邦大很多，因此在气势上项羽绝对能够压倒刘邦。第二，刘邦的员工大都是些乌合之众，没有经过什么专门训练，因此，在战斗力上不及项羽，况且项羽的员工数量还远远多于刘邦，因此刘邦必败无疑。然而，历史没有在讲笑话，项羽和刘邦没有立即打上那么一架，相反他却以退为进向项羽低头了。

这是刘邦的个人性格决定的，他知道自己硬拼是打不过项羽的，因此还是靠智慧来取胜吧。先绊住他的脚，让他放松对自己的警惕，然后等到自己的力量壮大了再来与他一争高下。反正我就是一个无赖，我再厚点脸皮又如何呢？

项羽呢，天生喜听好话，最爱看别人对自己低头了，因此一听说刘邦自己承认没有他的功劳大，一下子就忘记了刘邦是自己最大的仇人了，高兴得不得了，立刻就骄傲起来："看吧！看吧！我说刘邦没有我厉害吧，叔叔你还不相信，人家自己都承认了呢？"项羽对项伯嚷嚷道。

项羽的思想简单得像一个小孩子，他与刘邦之间的间隙完全可以归结在曹无伤的几句话上。曹无伤是刘邦的左司马，也有人说曹无伤是项羽派到刘邦身边的探子。不管怎么样，刘邦集团的情报被传播出去了。在项羽进函谷关的时候，他派人对项羽说，刘邦想在关中称王，立子婴为丞相，珍宝都收为己有。这几句话犹如烈火点在了干柴上，一下子激怒了这位热血男儿，因此他立马驻兵在鸿门上，准备让员工吃饱喝足后对刘邦展开攻势。我们可以看出，几句话对两个人产生的影响，但也看到了项羽暴躁的脾气，这样的人沉不住气往往是引起战争的火苗。星星之火可以燎原，于是项羽这把火先燃了起来。可是刘邦是如何把这把火熄灭的呢？

【典故回放】

楚国的左尹项伯是项羽的叔父，秦朝的时候，有一次项伯杀了人，张良救了他，自此两个人的关系非常好。项羽听到刘邦要占领关中，就和范增商议要攻打刘邦。这时候，张良正跟随着刘邦。项伯就连夜骑马跑到刘邦的军营，私下会见张良，告诉他说："我侄子项羽晚上要来攻打刘邦，你快点去逃命吧，不要和刘邦死在一起"。张良听了说道："我是韩王派给沛公的人，现在沛公遇到危险，我要是逃跑就是不义，我不得不告诉他。"

于是张良进去把全部的事情告诉了刘邦，刘邦大惊说道："这可怎么办才好呢？"

张良说："你觉得你的军队可以抵挡得住项羽的军队吗？派人守候函谷关是谁出的主意？"刘邦不敢隐瞒，说道："我当然不能抵挡住项羽的军队了，

刘邦：最厚黑的草根企业家

那个主意是一个见识短浅的小子提的。说我只要守住了函谷关就可以锁住秦国，占领秦的全部土地称王了。"张良说让我请项伯过来说话。刘邦又说道："你怎么和项伯有交情？"张良把他救项伯的事情告诉了刘邦。

刘邦问道："和你比，你们谁大？"张良说："他比我大。"

"你快去请他进来，我要像对待兄长一样对他。"刘邦灵机一动说道。

张良把项伯请到营中，刘邦立即站起来，说道："你既是子房的兄长，也就是我的兄长了。"于是以兄长之礼相待。刘邦捧上美酒说："我进入关中，一点东西都不敢据为己有，登记了官吏、百姓信息，封闭了仓库，只为等待将军到来。派遣将领把守函谷关的原因，是为了防备其他盗贼进来和意外发生变故。我日夜盼望将军到来，怎么敢反叛呢？希望您据实地告诉项王我不敢背叛恩德。"项伯答应了，告诉刘邦说："明天早晨能不能亲自来向项王道歉。"刘邦说："好。"

接着，两人谈得甚是投机，张良于是趁机提议道："不如两位结为亲家。"刘邦觉得这个主意甚好，于是，捧上一杯美酒祝项伯长命百岁，随即和他结为了儿女亲家。项伯见他们得知了消息，就又连忙骑马回到了项羽营中。

【小中见大】

这一个间隙让项羽差点要了自己的命。可是在危机关头来了救兵，而且，刘邦明白自己打不过项羽，就用智慧来寻找脱身之计。没想到这个贵人竟然是项羽的叔叔，刘邦利用自己的言语技巧哄得项伯信以为真，乐呵呵地回到自己的营中。却是不知他这一招不仅没有帮助侄儿缝合间隙，反而给侄儿埋下了悲惨的一笔。

当人们之间有了间隙，积极地去解救本不该掺杂进去的人是正确的，譬如项伯本是解救张良的。但如果没有看清敌我，那么这个间隙也许暂时会被缝合，可是造成的结局则是难以弥补的。项伯弄巧成拙的结果将会在以后的事情

中爆发出来。放在职场上，员工与员工，领导与领导之间若是有了间隙，不要刻意地去化解，而是要看清楚局势之后再去缝合，否则，你会发现结局并不是像你想象的那么简单了。

5. 鸿门一宴，顺水推舟

在职场上如果我们改变不了已经发生的事情，那么我们就去改变事情的意义，让事态来一个峰回路转。顺水推舟这个词用在职场上也许显得过于圆滑了一点，然而，往往是那些懂得顺水推舟的人在职场上占了上风，得到了领导的赞扬和欣赏，那些顽固不化，坚持己见的人往往是人际中最失败的角色。

顺水推舟不是想什么时候使就什么时候使，而是要看准时机，看准人们的心理状态，也要把握住人们的心理特征，因势利导，既不得罪别人又能帮助自己化解矛盾。

所谓的顺水推舟就是要顺着说话人的话茬找到一个突破口，让其顺着利于自己发展的方向说下去，最后让对方心悦诚服，可以帮助自己避免不必要的麻烦。刘邦在一生中对于顺水推舟的技巧把握得也是淋漓尽致，他又是如何做到让自己化险为夷的呢？咱们来看一下刘邦职场上的"顺水推舟"。

【典故回放】

项伯劝告张良之后连夜从刘邦的军队中赶回了自己的军营中，他一下马就立即去找项羽，把刘邦给他说的一番话都告诉了项羽。又对项羽说道："沛公

刘邦：最厚黑的草根企业家

不先破关中，你怎么能进来呢？现在他立了大功却要攻打他，是不仁义的，不如趁机好好地待他。"项羽于是就接受了第二天刘邦来鸿门上赴宴道歉。

天刚刚放亮，刘邦就带了一百多名人员赶到了鸿门，一见项羽立即下马道歉说："我和将军合力攻打秦国，将军在黄河以北作战，我在黄河以南作战。但是我自己没有料到能先进入关中，灭掉秦朝，能够在这里又见到将军。现在有小人的谣言，使您和我发生误会。"项羽立马说道："这是你的左司马曹无伤说的，不如此，我怎么能够这样呢。"当天，项羽留刘邦一同吃饭，在座位上项王、项伯朝东坐，亚父范增朝南坐。刘邦朝北坐，张良朝西陪侍。在饭局中间，刘邦多次说自己没有占领关中为王的意思，又赞美了许多项羽美德的话。项羽听了对刘邦就放松了警惕。期间，范增起身，出去召来项庄，说："君王为人心地不狠。你进去上前敬酒，敬完酒，请求舞剑，趁机把沛公杀死在座位上。否则，你们都将被他俘虏！"项庄就进去敬酒，然后说："君王和沛公饮酒，军营里没有什么可以用来作为娱乐的，请让我舞剑。"项王说："好。"项庄拔剑起舞，项伯也拔剑起舞，常常张开双臂像鸟儿张开翅膀那样用身体掩护刘邦，项庄无法刺杀刘邦。

刘邦一帮人都看出了项庄的意图，心中暗自捏了一把汗。过了一会儿刘邦借机说上厕所，准备离去，又觉得没有告辞就走不合适，于是把张良叫来让他留下来道歉。张良问道："大王有没有带什么东西来？"刘邦说："我带了一对玉璧，想献给项王；一双玉斗，想送给亚父。正碰上他们发怒，不敢奉献。你替我把它们献上吧。"张良说："好。"等到刘邦差不多回到了自己的军营中。张良进去向项羽道歉说："刘邦禁受不起酒力，不能当面告辞。让我奉上白璧一双，拜两拜敬献给大王；玉斗一双，拜两拜献给大将军。"项王说："沛公在哪里？"张良说："听说大王有意要责备他，脱身独自离开，已经回到军营了。"项王就接受了玉璧，把它放在座位上。亚父接过玉斗，放在地上，拔出剑来敲碎了它，说："唉！这小子不值得和他共谋大事！夺项王天下的人一定是刘邦。我们都要被他俘虏了！"

【小中见大】

刘邦的职场艺术并没有通过他自身表现出来,但是从鸿门宴的局势来看,刘邦一方顺局势而变,及时地表露出自己没有称王关中的意向,并献上无价之宝白玉璧和玉斗来给项王和亚父道歉,使项羽思想麻痹,觉得是自己的威望战胜了刘邦。亚父范增的意识是清醒的,可是刘邦的做人技巧太高,以至于连项羽最亲近的人都要护着敌人。

刘邦在张良樊哙的保护下顺水推舟地将关中送给了项羽,既让自己化解了危机,还麻痹了项羽,给自己以后的发展保存了一份力量。福兮祸所伏,祸兮福所倚,谁能够说明白当你遇到好事时会不会有灾难等着你呢,又有谁能够说得清你失去了一些东西难道就不是一个好事的开端呢。不过在职场中我们要懂得这样一个方圆艺术,不要太计较眼前的得失,如果能够顺水推舟,那么就暂时吃一些苦头,把好处让给别人,以后的事情谁又能保证不是好事呢?

6. 招收彭越,成皋入囊

人缘指人之俗缘,还可以说是人际关系。在我们的职场生涯中,我们不论做什么事都会与他人发生语言交际的关系,人的成功很大一部分靠人缘。无论是古代还是现代,我们都讲究一个人情,一个人缘。有了人缘,我们做官官运就会畅达;做生意,生意就会顺利,少走很多弯路;打仗战场上就会多一份生的希望。有了人缘,危机边缘我们也可以活着走出来。

刘邦：最厚黑的草根企业家

刘邦是一个出身低微的人，但是他人缘极好，无论是败的多么惨都会有人来投奔他，来帮助他，还一次一次地帮助他化险为夷。刘邦的好人缘是怎么来的呢，是靠花言巧语还是靠实物奖励呢？

【典故回放】

彭越是西汉的一名大将，年轻的时候，彭越靠捕鱼为生。他天生豪爽，喜爱结交各路豪杰义士，因此拥有了很好的人缘。当时天下反秦趋势已经形成，众人见他号召力比较大，于是就想拥立他为王。彭越说道："陈胜和项梁这两条龙才刚刚开始争斗，我还是再等等看情况吧！"一年后，彭越在众人的一致要求下做了他们的首领开始起义反秦。

当时，沛公正在进攻昌邑，彭越是一条好汉，他听说刘邦为人豪爽，和自己有一样的侠义，于是就帮助他。但是不幸的是昌邑没有攻打下来，刘邦带军西去了，于是彭越就在山东巨野一带作战。当时，项羽在关中封侯，却对彭越的这一万多人忽而不见。是因为项羽看不起出身卑微的人，因此他也就丢失了彭越这样一位英勇善战的将领。汉元年秋天，齐王田荣反叛项羽，于是给彭越寄去封印拜他为大将军，彭越第一次正式编入一个军队。在他的带领下，彭越大败楚军萧公角的军队。汉二年春天，彭越率领自己的三万散兵在外黄正式归顺刘邦军。刘邦向来大度，他知道人缘好的根本原因在于他的慷慨和放手用人，于是他就以彭越攻打下魏国的十几个城邑为功劳，封他为魏国相国，专管兵权，以平定梁地。

汉三年五月，刘邦从荥阳突围后，在彭越大败下邳的情况下，项羽有了警惕回头攻打彭越。刘邦趁机占领了成皋，占取了有利的地势。虽然这次刘邦占领成皋的时间并不长，在日后又被项羽夺回，但刘邦知道这个地势的重要性，于是坚决和项羽争这一席之地，于是又在彭越左右出击项羽的帮助下收了回来。

汉五年秋，彭越率军队攻下了昌邑四周二十几个城邑，项羽败退到阳夏。彭越得十余万斛谷物，供给刘邦做军粮。后来刘邦战败，派使者召彭越军前来援助，合力击楚。彭越以魏地初定，恐楚国来报复为由加以拒绝。刘邦追击楚军，反在固陵被楚军所败。

刘邦为彭越、英布、韩信在关键时刻不肯参战发愁，问留侯张良。张良说："当初齐王韩信自立，非您本意，韩信自己也不放心。彭越平定梁地功劳卓著，当初只是因为魏豹的缘故，才拜彭越为魏相国。现在魏豹已死且没有后代，彭越也想为王，可您却不早做决定。您可以跟这两国约定：若是战胜了楚国，睢阳以北至穀城，都用来封彭越为王；从陈县以东沿海的土地划给齐王韩信。韩信的故乡在楚，他有意再得到楚地。您如果能捐出以上地区给他们二人，两人的军队马上就可以来到。倘若不能，事情的发展就不可预料了。"刘邦当即派使者到彭越那里，依照留侯的计策行事。彭越便率领所有的军队和刘邦军会于垓下，大破楚军。项羽死后，刘邦立彭越为梁王，以定陶为都城。

【小中见大】

一个人的力量是战胜不了一个集团的，只有将人才为自己所用，团结起所有的智谋来才可以发挥自己的最大潜力，战胜敌人。然而，我们要明白我们该拿什么来留住人才呢？

作为企业的领导就应该有博大的胸怀，来为自己打下好的人缘，学习一下刘邦不要在乎那一点点土地，那一点点钱财，想要做大事者，想要用人才帮自己奠定企业牢固的基础，那就不妨拿出一点你的大度和慷慨之情！

刘邦懂得自己在危机关头需要的是什么，只要有人帮助自己成就了集团的明天，那么失去的东西最终会得到的。他需要的是长远利益，而不是短时期的自敛资金。他的算盘打的很好，以少量的代价换取好的人缘进而换取今后企业的光明前途，这是一种智者的做法。

刘邦：最厚黑的草根企业家

7. 巧封季布，八面玲珑

有时候一个人能成就你的事业，有时候一个人能毁掉你所有的业绩，有时候一个人的一句话可以改变你的人生，因此，如何待人接物对你的前程发展起着很重要的作用。我们知道有时候多一根木柴可能燃起整片深林，有时候少一块砖就砌不成一座房屋。因此做事做人都要做到恰如其分，这样才既不会坏了自己的大事，又可在做事时得心应手。为人处世既不少一分又不多一分，则是最高的境界了。

他所有的成功可以说应该是归结于一点，那就是善于收纳人心，但是这一点的玲珑，足够让无数的人才为他效命，无论是敌人中捕捉过来的人才还是自己集团中的精英，到最后都不愿意再离开刘邦半步，知道最后被杀头还是一副恋恋不舍的样子。咱们来看一下刘邦是如何做到八面玲珑的，当然这要从他对人的态度上说起。

【典故回放】

季布是楚地人，为人好逞意气，爱打抱不平，在楚地很有名气。项羽派他率领军队，曾屡次迫使汉王刘邦进入困境。刘邦做了皇帝之后，每想起与项羽大军在彭城大战时险些遭了项羽手下大将季布毒手的情景，仍心存余悸，就下令悬赏黄金千两，缉拿季布。并规定：谁敢窝藏季布，灭他三族。

季布听了这个消息，就乔装改扮，东躲西藏。季布躲藏在濮阳一个姓周的人家。周家说:"汉王朝悬赏捉拿你非常紧急,追踪搜查就要到我家来了。将军您能够听从我的话,我才敢给你献个计策;如果不能,我情愿先自杀。"季布答应了他。周家便把季布的头发剃掉,用铁箍束住他的脖子,穿上粗布衣服,把他放在运货的大车里,将他和周家的几十个奴仆一同出卖给鲁地的朱家。朱家已经知道自己家的仆人中谁是季布,朱家很仗义,想救季布。

于是,朱家就到都城洛阳,求他的朋友夏侯婴帮忙救季布。朱家说明来意后,夏侯婴问:"皇上这么急切要缉拿季布,不知季布犯了什么大罪?"

朱家说:"季布是项羽的大将,多次围困皇上,特别是彭城大战时,皇上遭到惨败,还险些遭季布的毒手,所以皇上想把季布杀掉。"

夏侯婴问:"季布为人如何?"

朱家说:"向来忠直,是位贤士。"接着,朱家说明救季布的理由:"做臣子的,为自己的主人服务才算作忠臣。季布为项羽效力,这是他做臣子的责任。如今,项羽已被灭掉,他的臣子很多,杀得过来吗?再说,皇上刚得天下,就报私仇,在天下人面前不就显得气量太小了吗!现在,季布已无处藏身,要是投靠敌国,敌国得一将才,不就壮大了敌人的力量吗!夏侯公,您身为朝廷重臣,应该向皇上进言,让他不计前仇,赦季布不死。让天下人都知道皇上的宽大仁德,还可以得到一员大将,何乐而不为呢?!"

夏侯婴听了,觉得朱家的话很有道理,便一口答应为季布的事劝说刘邦。不久,夏侯婴得一机会,就把这个道理向高祖讲了。刘邦是何等聪明之人,他深感汉兴之初正是收揽天下人心之时,赦一季布,可使更多隐于江湖的楚军将士自愿归顺。于是再次表现了自己的大度,立即下达了对季布的赦免诏令,说自己并没有要杀害季布的意思,只是想重用他,但苦于没有办法寻找到他,才下了那么重的一个诏令。刘邦亲自召见安抚季布,好言劝慰,把他拜为了郎中。

果然,季布自此对刘邦感恩戴德、忠心耿耿,后辅佐惠帝、文帝,升任中郎将,官居河东郡守,勤政安民颇多政绩。有谚曰:"得黄金百斤,不如得季布一诺",司马迁还专门为他著文立传。

刘邦：最厚黑的草根企业家

【小中见大】

刘邦先是要杀季布，后来得知季布的为人时，立即拜他为郎中。季布乃是能屈能伸的好汉，有情有义，见刘邦对人如此大度，也就忠心耿耿地跟随着他，做出了不少贡献。

在这里，我们看到的是季布的忠诚，但同时，作为企业家来说，作为一名公司的领导，我们要懂得如何用技巧拉拢人才，如何让敌我的人才都收为己有。人各有长处和优点，我们若是只用一颗嫉妒的心，一个狭隘的观念去对待别人，那么做人失败就是少不了的。刘邦为什么会成功，项羽为什么会失败，这也是值得我们思考的问题。灵活有度，找对适合自己的真正助手，既不对伤害自己的人进行迫害，也绝不饶恕那些做事不忠的小人。

8. 栾布哭至交，反拜都尉

人与人之间除了一个要相互学习外，最重要的还要懂得爱惜对方的那一份才华，尤其是一个优秀的领导。我们要明白的是，只有人才才能帮助你顺利地发展企业。还有一点是企业领导要善于听真话，真话才会给你"一语惊醒梦中人"的感觉，才会让你幡然醒悟自己的所作所为是否是正确的。

我们可以看到一个领导若是不善于听真话，一味地听取那些花言巧语，则自己就提升不了素质涵养，企业也不会在你的带领下蒸蒸日上。勇于听取真话的人很懂得自己的为官之道，明白企业的真正发展动力。因此，虽然有时候，

别人的真话未免不好听些，但忠言逆耳利于行，他们的话还是最实际可靠的。

我们从项羽与刘邦的性格中可以看出，项羽是一个喜好听好话的人。当别人夸赞他的时候，他的心情就会出奇的好，而当别人委婉地向他提出意见的时候，他总是很满不在乎，对这些意见一点都不放在心上，性格使然最终导致了他自己的灭亡。而刘邦则不同，他在建企业的初期没有拿自己的身份做炫耀，相反无论是谁的建议他都会听，只要正确就会立即采取，这也是他最终取得成功的原因。对于人才，刘邦不仅懂得欣赏而且还很爱惜他们。

【典故回放】

栾布是梁地人。当初梁王彭越做平民的时候曾经和栾布交往。栾布家里贫困，在齐地被人雇用，替卖酒的人家做佣工。过了几年，彭越来到巨野做强盗，而栾布却被人强行劫持出卖，到燕地去做奴仆。栾布曾替他的主人家报了仇，燕将臧荼推荐他担任都尉。后来臧荼做燕王，就任用栾布做将领。等到臧荼反叛，汉王朝进攻燕国的时候，俘虏了栾布。梁王彭越听到了这件事，便向皇上进言，请求赎回栾布让他担任梁国的大夫。

后来栾布出使到齐国，还没返回来，汉王朝召见梁王彭越，以谋反的罪名责罚他，诛灭了彭越的三族。之后又把彭越的头悬挂在洛阳城门下示众，并且下命令说："有敢来收殓或探视的，就立即逮捕他。"栾布从齐国返回，知道了彭越的死，却跑到城墙下，把自己出使的情况对着彭越的脑袋汇报，边祭祀边哭泣。官吏逮捕了他，并将此事报告了皇上。皇上召见栾布，骂道："你要和彭越一同谋反吗？我禁令任何人不得收尸，你偏偏要祭他哭他，那你同彭越一起造反已经很清楚了，赶快把他烹杀！"

皇帝左右的人正抬起栾布走向汤镬的时候，栾布回头说："希望能让我说一句话再死。"

皇上说："说什么？"

刘邦：最厚黑的草根企业家

栾布说："当皇上你被困彭城，兵败于荥阳、成皋一带的时候，项王之所以不能顺利西进，就是因为彭王据守着梁地，跟汉军联合而给楚为难的缘故。在那个时候，只要彭王调头一走，跟楚联合，汉就失败；跟汉联合，楚就失败。再说垓下之战，没有彭王，项羽不会灭亡。现在天下已经安定了，彭王接受符节受了封，也想把这个封爵世世代代地传下去。陛下仅仅为了到梁国征兵，彭王因病不能前来，陛下就产生怀疑，认为他要谋反。可是谋反的形迹没有显露，却因苛求小节而诛灭了他的家族，我担心有功之臣人人都会感到自己危险了。现在彭王已经死了，我活着倒不如死去的好，就请您烹了我吧。"

刘邦本来就对杀死彭越这样的大臣心中有所痛惜，听了栾布的一番话，心中更是有所感慨。于是就赦免了栾布的罪过，并任命他做都尉。

【小中见★】

现代企业家应该学习的一点就是一定要有敢于听真话的习惯，可以对你说真话的那些人一定是一个心底很正直也很有想法的人，并且他们是真心辅佐你的人。我们可以看到秦始皇的灭亡也与他后期害怕听真话有关，史书上有记载："始皇恶言死"。凡是有人说到死这个字的，他的心里都会很不舒服，对说"死"字的人也很痛恨。当然，很多人听了他的"嗜好"后都不敢再说半个死字。我们知道生老病死乃是自然规律，世上没有长命不死的人，哪能因为自己的喜好而不让别人讨论死呢？这样只能是自欺欺人，如果自己有一个好的心态，说不定还要活的时间久一点。企业是需要众多人的智慧集合在一起建立起来的，并不是因为某一个人有特别的能力而一个人就建造起的。在企业的创建中我们注重的是团队的力量，因此当企业走上正常运转的道路时我们要敢于把成功归结于大家。有的企业领导好大喜功，总认为企业的发展离不开自己的努力，总以为自己才是那一根最重要的大梁，总是不愿意让员工讨论谁的功劳大谁的功劳小的话题。

敢于像栾布一样讲真话，并敢于像刘邦一样听真话，这才是企业必须学会的前进之道。只有实事求是地跟着形势走企业才会有所发展，说真话的人才会积极地为你尽一份力量，喜好听恭维话的领导永远看不到自己的弱点，永远不能够提高自己的素质，他所建立的企业必定是短命的。

9. 分封王侯，集团定心

员工能够心安理得地为集团服务，很重要的一点就是要让他们的价值充分地体现出来，让他们做到各司其职，人尽其才，这样才会让集团充满了团结融洽的气氛。

在员工当中，作为企业的领导还要注意一个员工的期望心理，只有把握住了这个才会给员工定位准确。期望理论的基础是：人之所以能够从事某项工作并达成组织目标，是因为这些工作和组织目标会帮助他们达成自己的目标，满足他们某方面的需要。这就要求企业在对员工进行激励时要处理好三个方面的关系：努力与绩效的关系、绩效与奖励的关系、奖励与个人需要的关系。三者相互关联，任何一个环节出现问题都会导致无效激励。

两千年前刘邦是如何对待员工的呢？作为企业的领导，我们要学习他的是什么呢？萧何月下追韩信，说明了智囊萧何对韩信的重视，但是韩信还需要领导的认可。于是，刘邦通过一番问话来了解韩信。当韩信精辟独到地分析出项羽的弱点和刘邦的强项，又分析了当今天下的局势之后，刘邦立即认定他是一个难得的奇才，立刻隆重地拜他为上将军。对于这个大将军的称号，韩信并没有大吵大闹，也没有二度逃跑，这是为什么呢？原因就在于刘邦所封给他的上

刘邦：最厚黑的草根企业家

将军达到了他的期望，这就是萧何所说的，做将军他还会跑，做上将军'甚好'的原因。只有当企业给予员工的待遇符合了他所期望的心理值时他才会给你最大的回报。结果也证明，韩信最终没有辜负刘邦的期望，为他立了很大的功劳，功劳大到连刘邦都不知道该如何安置才好。还有就是刘邦在征战中对陈平的封赏，也让其为刘邦忠其一生。当初，陈平也是不满项羽给他的待遇和重视才出逃项羽集团，最后投奔刘邦企业。陈平跳了两次槽，一是因为魏豹的集团没有发展前途，不符合自己的心愿，二是项羽的集团给员工的待遇及福利太低，再加上领导不善于听从建议。直到跳到刘邦的集团后，刘邦给予了陈平极高的待遇才留下。

【典故回放】

《史记》上记载，刘邦在初定天下时对萧何曹参等20多个功臣先封了官职，而剩下的人还没有更好的办法去分封。他们日夜争功不休，吵的刘邦头都大了。

一天，刘邦和张良在洛阳南宫走着，从宫中的阁道看见很多的将领坐在沙地上说话。刘邦说："这是怎么回事啊？"张良开玩笑地说："陛下不知道吗？这是谋反呀！"刘邦也笑着说："天下正当安定，怎么会谋反呢？"张良又说："陛下从布衣起家，以此得到天下。如今陛下贵为天子，所封功的都是萧何与曹参等所喜爱的人员，而诛杀的都是生平所结怨的。现在军吏统计功劳，用天下的不足处处封功，这一是害怕陛下不能尽心封功，二是害怕被怀疑平生有过失而诛杀，所以即将相聚在一起谋反罢了！"刘邦大悟，于是担忧地说："那该怎么办呢？"张良说："皇上生平所憎恨的，群臣都知道，最憎恨谁呢？"刘邦说："雍齿和我有旧怨，曾经几次羞辱我，我想杀了他。因为看在他功劳比较大的份上，所以不忍心。"张良说："现在紧急的是先封雍齿的功好在众多大臣中做个表率。众多大臣看见雍齿封功，就人人情绪稳定了。"于是皇上就

摆酒，封雍齿为食邑在什方的侯爵，假装急着催促丞相、御史按照功劳封功。众臣结束摆酒，都欢喜地说："雍齿尚且封为侯爵，我等这般人就没有忧患了。"

接下来，刘邦又相继的封了八个异姓王，张敖为赵王，英布为淮南王，臧荼为燕王，韩信封为楚王、彭越封为梁王，韩襄王的后代封为韩王，把英布的岳父吴芮封为长沙王，还有一个卢绾也是燕王。分封后，各诸侯都安静了许多，不再对刘邦说什么不公平之类的话。

【小中见大】

要想让企业内部员工一心一意地帮助企业做事，最应该做的就是让大家团结起来，而大家团结起来的法宝之一就是让员工觉得自己没有偏心地对待他们。刘邦刚开始的时候也没有意识到这个问题，直到发现那些没有分封官职的人员在议论纷纷倾诉不满时，经智囊张良的提醒，刘邦才恍然大悟，想到企业才刚刚地建立没有多久，于是就下决心尽快把这些功臣都分封了。

刘邦在分封的时候很公平，他按照每个人的功劳大小来分封，虽然在其中卢绾是按照了自己内心的想法分的，但其分封并没有影响到其他人员的心情，刘邦既做到了兄弟之情义，又顾全了大局面。

企业刚刚建立好的时候，我们需要的是团结一致，共同开创出一副大好局面来，而不是在刚刚建好企业的地基就开始让员工起内讧争功劳。

第五章 谁为高明做嫁衣

刘邦：最厚黑的草根企业家

10. 大势将去，心有计谋

有一句话不知道大家赞不赞成，如果别人不嫉妒你的才华，说明你这个人的才华还不够分量；如果别人不羡慕你的成就，说明你做的业绩还不够好。可是当别人都羡慕你的职位，都嫉妒你的才华时，你的危险也就来了，尤其是你的上司，因为你给他造成了威胁。如果连领导都已经开始嫉妒你了，你还有更上一层楼的机会吗？没有了，那么你该怎么办呢？是继续在领导面前显露你的才华，还是隐退做一个默不作声的普通人员呢？

历史就是现实，他不会更改事实。韩信的大胆与直爽，放肆与直白让他走向了最终灭亡的道路。韩信是一个功高无上的好将军，但是为什么刘邦一直在心里对他放心不下呢？咱们从"韩信点兵，多多益善"的典故就知道。正是他这种直白的性格和自信的神情让刘邦心里大为不悦，因为在当时握有兵符就有兵权，有了兵权就很有可能造反，像韩信这样的将军握有那么大的军权，倘若有一天他造起反来自己的带兵技术又不如他，岂不是要被他打趴下了吗？再加上韩信是一个异姓王，刘邦的不放心越来越重了，以至于在分封官职的时候不敢妄下定论，功劳越高的人对自己的威胁就越大啊！韩信是一名有勇有谋的军事家，但他却不是一名政治家，没有政治敏感性的他被领导的嫉妒和不放心给谋杀了。

咱们通过历史可以了解到汉初三杰中结局最好的是张良，他的功劳也是至高无上的，刘邦也曾经对他不放心过。然而张良是一个智囊，又是受过黄石公的点化，因此他是一个明白人，懂得急流勇退。等到汉天下的局势一定之后，他就淡泊名利，明哲自保了，这又何尝不是一种智慧呢？

【典故回放】

张良原本是战国时韩国人，他祖父和父亲都是韩国贵族。秦国消灭韩国后，张良一直图谋恢复韩国，结交刺客，曾在博浪沙伏击秦始皇，没有成功。他逃亡到下邳，遇到黄石公，得到《太公兵法》，悉心研读，以图复仇。

秦末农民战争爆发后，张良率众投奔刘邦。不久，他游说项梁拥立韩国贵族成当上了韩王，他任韩司徒。后来韩王成被项羽所杀，张良又投奔了刘邦，成为重要谋士。他协助刘邦直攻秦国都城咸阳，一路上迭出妙计，斩将夺官，最后轻取咸阳城。

张良经常给刘邦讲《太公兵法》。在楚汉战争期间，他在鸿门宴上与项羽、项伯周旋，使刘邦得以脱身。他建议刘邦不要立六国后代，以免留下后患，并建议刘邦顺从韩信的意思，将韩信封为齐王，以调动他攻楚的积极性。张良劝刘邦乘胜追击项羽，使项羽兵败后自刎于乌江。

张良扶助刘邦建立西汉王朝之后，权衡利弊，选择关中作为王朝的定都之地，赢得了人心归附。在赏封功臣时，刘邦叫张良自己选择齐地三万户作为食邑。但他没有接受，并说只要有一块小小的地盘就足够了，这块地就是当年同刘邦会面的地方，要它为封地，也完全是表达对刘邦的知遇之恩。

张良认为，他灭秦复仇的目的已经达到，由平民官至列侯，一切都满足了。他想到自己年老多病，目睹了彭越、韩信等功臣结局悲惨，又联想到范蠡、文种复兴越国后逃生留死的历史教训，深怕重蹈覆辙，因此不贪一时之荣，不图一时之利。

从此以后，张良淡泊名利，抛弃人世纷争，修性养心，专心研习黄老之学。刘邦多次派人请他出席早朝，张良都以求仙为名拒不出朝，最后让人带给刘邦这样一句话："愿弃人间事，欲从赤松子游耳"。刘邦听了这话，一下子

刘邦：最厚黑的草根企业家

就放宽了心，任张良去了。

【小中见大】

居功自傲似乎顺理成章，因为功绩卓越，有资本可以骄傲。于是骄傲自大，开始目中无人，就像韩信曾经看不起樊哙，走到樊哙的屋前都不愿意进去瞧一瞧，更是懒得和他说话。然而，愈是飞扬跋扈，自认为功高无敌的人结果愈是最惨的，不是被贬谪就是被弹劾，要么就是被小人所害。结果又被功名所拖累，真是自己给自己带上枷锁，自作自受！

功名本是身外之物，既看重又不看重则是最佳的心态，看重是因为人的一生总要做点什么，总要追求点什么东西才不会碌碌无为，总得用一些行动和结果来证明自己的能力和活着的价值，功名本身就是一种证明。不看重，是因为悟透了人生的哲理。人本赤条条地来理应赤条条地去，不应该让自己的心被名利所累，还因为得到的越多，失去的就越多，不贪不占，或许会受到人们最大的敬仰，这该是最大的收获了。

刘邦在最后的阶段为了自己的统一大业做出了试探功高之人的行为，而这些测试也证明了在企业集团里有那么一些人是生来为名利而活的。而张良懂得适时而退，淡泊名利，不与世人争功，这就是他为人处事的一种高明，值得职场中的员工与领导学习。这并不是让领导们都退隐下去，而是要学会如何在职场中保障自己的地位与人格魅力。

第六章

化茧为蝶，终成一方霸业

　　心有多大，舞台就有多大，企业建立的好不好，国家发展的兴不兴，是要靠治理才会知道结果的。刘邦自登汉皇位以来，一直在为天下苍生着想。再深究一点，我们也可以认为他其实是为了自己着想，如果不让群臣百姓信服，又岂能保住自己的皇位呢？刘邦深知秦朝灭亡的原因，于是决定做出一番轰动来，这番作为让世人对草根企业另眼相看。

刘邦：最厚黑的草根企业家

1. 约法三章，昭信天下

诚信是人立足的根本，取得别人的信任也是自己成功的基本条件之一。自古以来，中国就有民无信不立的说法。司马迁在《史记》中记载了一些轻生死，重承诺的侠义之士。他们言必信，行必果，做事信守自己的诺言，即使死也不愿意失信于人。如果一个人说话总是不算数，那么这个人就没有办法取得别人的信任，时间久了他也就没有办法在这个社会上立足了，如果这个人是一位居高在上的君臣，那么他的国家也将不会昌盛很久，必有人将怒而推之。

对于企业来说也是同样的道理，只有企业保证了员工的一切利益，才会让员工心安理得地在这个公司长期稳定地干下去，不至于频繁跳槽。韩信是一个信守诺言的典型代表之一，在他年轻的时候由于没有什么本事，连自己都养活不起。有一次，他在河边流浪，又饿又冷，终于忍不住晕倒了。一位洗衣服的老婆婆瞧见了，就给他饭吃，给他水喝，救了韩信一命。韩信醒后，对老婆婆说道："我日后飞黄腾达了，一定会重重地报答你的。"老婆婆生气地说："我给你饭吃是看你可怜，不是图你报答，你一个顶天立地的男儿怎么能养活不起自己呢？"韩信很惭愧地走了。后来韩信跟随了刘邦，为刘邦的企业立下了汗马功劳。他没有忘记当年老婆婆的救命之恩，也没有忘记曾经对老人说过的话，于是就派人去寻找老婆婆，找到后赐给她千两黄金，又把她当做自己的母亲一样奉养。这个故事一直流传至今，成为韩信遵守诺言的一个正面写照。其实，在刘邦打天下的一生中，刘邦也一直在恪守着自己对人才的承诺，说封给谁什么官职，一旦自己有了那个权力就立即实行自己的诺言。他的人格魅力也

120

在于他对人才的承诺能够得到兑现。那么，刘邦是如何做到的呢？

【典故回放】

刘邦进入咸阳后，部下诸将见到秦宫室中的珍奇玩好，金银珠宝，禁不住眉开眼笑，馋涎欲滴。惊奇之余，便是肆无忌惮地你争我抢，闹的不可开交。一时间，咸阳城内不得安宁，四处一片混乱。一贯好酒及色的沛公也大摇大摆地走进秦宫室，面对数不尽的帷帐珠宝和数以千计的后宫美女，也不禁贪婪地想体验一下关中王的滋味。

好在刘邦手下诸将中还有头脑清醒的人，不断地提醒着他。张良听说之后，也对刘邦说道："亲秦为五道，沛公你才得以至此。可是现在，你刚一进咸阳便打算安心享乐，这和暴秦有什么两样呢？"忠言逆耳利于行，良药苦口利于病。在樊哙和张良的劝导下，刘邦幡然醒悟，封秦重宝财物于府库，还军霸上。

刘邦还军霸上之后，便召集诸县父老豪杰，向他们发布安民公告：父老乡亲们都苦秦法很久了，批评朝政得失的要灭族，相聚谈话的要处以死刑，我和诸侯约定谁首先进入关中就在这里做王，所以我应当为关中王。现在，我和父老乡亲们约定三条法律：一、杀人者处以死刑；二、伤人者和抢劫者处以死刑；三、其余凡是秦朝的法律全部一律废除。所有官吏和百姓都像往常一样，安居乐业。总之，我到这里来是要为民除害的，不会对你们有任何侵害，请不要害怕！再说，我所以把军队撤回霸上，是想等着各路诸侯到来，共同制定一个规约。

刘邦随后派人和秦朝的官吏一起到各县镇乡去巡视，向民众讲明情况。秦地的百姓都非常喜悦，争着送来牛羊酒食，慰劳士兵。沛公退让不肯接受，说："仓库里的粮食不少，并不缺乏，不想让大家破费"。人们更加高兴，唯恐沛公不在关中做王。

刘邦： 最厚黑的草根企业家

【小中见大】

约法三章的订立，让本来对刘邦根本不信任的秦朝百姓对他产生了深深的信赖，并且开始期望能够让刘邦在关中做大王。为什么会有这样的结果呢？原因只有一个，刘邦立足于民情，他知道秦朝的苛法让百姓们每天都过得提心吊胆，因此决定从这一点下手，从根本上解决人们所担忧的问题，解除了民众心中的恐惧。然后，刘邦又开始安抚他们，让人贴出告示说要如何如何对待这些百姓。百姓看到了刘邦的行动，自然而然地就相信了他，觉得他才是真正的贤主。

因此，对于企业领导来说，也应该学习一下刘邦的立信手段，要懂得如何让员工信服自己。员工要信任领导，领导必须要做到四点：第一，对员工说过的话要言而有信，不得有误；第二，实事求是地为员工做一些好事，让他们觉得你是和大家站在一起的；第三，对无把握的事情不要轻易承诺；第四，对于手下的人要给予充分的信任，只有你先相信了他们，他们才会相信你。做好这些，你就可以做一个让人信任的好领导了。

2. 树天子之威，脱粗俗外衣

一名随和的领导会让人觉得无比亲近，因此和他也就无拘无束，说话做事都不会有所顾忌，尤其遇到这个领导是你从小的玩伴或者是曾经一起共事的朋友。当然，随和是一个很好的性格，这样你的人缘才会更广，才会有更多的朋友和你交往，你也会得到他们的信任。在日常的生活中，他们无论大小的喜事都会首先想到你。可是，身在职场的时候，一旦你曾经的朋友变成了你的领导，那么做人就要谨慎点好，不管是做事还是做人都要顾忌到职场的规矩，这样才会让朋友对你更加地器重。

有时候，我们在上下级关系中会发现有的人仗着他是上级的朋友，觉得关系挺好的，因此说话也就像平时生活中一样随意，即便是有其他人在面前也是无所顾忌。比如说一个人当着众人的面拍了拍现在是他上司的朋友的肩膀，开玩笑地说："老兄，你就别装了，你平时的作风可不是这样一本正经的！"此话一出，必定会给你这个领导带来尴尬。作为领导，除了给人随和外还要给人威信的，这样才会让员工对你既是亲热又在大事上不敢任意妄为。不管你曾经和你的朋友是多么的好，但当你当上领导后就应该收敛一下你的性情。不管你心里有多么甩不开面子，觉得不该对朋友摆官架子。职场就是职场，是需要一定的规矩的，否则其他人就会对你不服，你的工作开展起来也就不会那么顺利了。因此，什么时候做领导什么时候做朋友，什么时候做上下级，大家都应该学会用职场规矩来制约自己。

刘邦集团终于打败了其他的对手，成长为一个潜力无法估量的最大企业。然而，企业建立后第一件事要做的就是慰劳那些为企业的创建做出巨大贡献的员工们。于是，他采取了分封的办法，按照功劳大小给各文官武将都封了官职。本想着分封完毕后就可以清净一下，哪里料到这些跟他一起打天下的乡亲们大都是庄稼汉，一有个小事大事的就争的脸红脖子粗，一点体面都不顾，即使是在他这个天子的面前也是没有一点顾忌的。刘邦认为自己都是一国之君了，竟然还是没有人把他放在眼里。比如说樊哙，那杀狗的劲头和说话的不着边际是一点都没有改，一生气就当着他的面大声吆喝，不成一点体统。而那些被封过官职的人呢，也从来没有觉得自己有什么不妥，认为刘邦是靠着他们这些老家人打下来的，摆什么架子啊？不还是原来的一个混混吗？不是全乡人拥护着哪能有今天的辉煌。

刘邦为这犯了愁，他是识得大体，又深知这个企业建立的不容易，要是没

刘邦：最厚黑的草根企业家

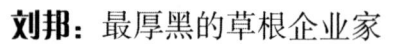

有一点章法可循，那么他的毁灭日也就不远了。这个企业的最高首领别看没有念过几天书，可还是深知法律约束员工的重要性的。正在犯难时，有一个叫叔孙通的老头站了出来，提议为大家制定礼仪，以此来让君臣有别。

【典故回放】

高帝七年十月，新建筑的长乐宫顺利完工，诸侯和群臣扩大举办朝贺的仪式。所有的诸侯和大臣将领们都先在宫殿门外等候，由宫廷的侍从人员依次引入宫殿门，并分东西两边朝列。

侍卫分阵排列，林立于廷中，他们全副武装，并持兵器，旗帜鲜明，由殿门到皇帝的主殿间共有数百人，气氛严肃。接着，文官由丞相率领，以官职高低排列于东边，面向西，武官则面向东。这个时候，汉高祖才出现在早朝中。此时每一个人都为礼仪之庄严震恐不已。依次朝礼毕，开始置酒宴，依照礼节，大家不能饮至酒醉，以防醉后丑态百出。诸侯百官坐殿上，先低头敬礼，后仰头行祝酒礼，以尊卑秩序向皇帝一个个敬酒并祝他健康。每人只喝九杯，这之后便宣布罢酒。

御史执法为评判，礼仪不当者便喝令离去。群臣置酒终日，不敢大声喧哗，整个殿上一片肃静，与往日喝完酒后大声喧哗极为不同。

刘邦大为感动和震惊，当即说道："我到今天才知道身为皇上之尊贵啊！"于是拜叔孙通为奉常，掌管寺庙礼仪，并赐金五百斤。

【小中见大】

礼仪乃是中国从古到今的一个习俗，我们从古代就可以看出礼仪的重要性。作为企业的领导，我们需要这种礼仪来维护威严，需要用这种制度来使员工"安分守己"。同样地，作为员工，我们要懂得会礼仪乃是让上司觉得你是一个很有素质的员工，懂礼仪乃是你人格魅力的体现。站立是一种素质的表

现，说话也是你本身涵养多少的体现。做一个有礼仪的人，让领导对你刮目相看。符合时宜，那才是人心中最期盼的东西，也是让你在职场上减免许多不必要麻烦的法宝。

3. 娄敬改姓，长安为都

地理位置历来都被兵家将领所重视，因为它决定了战争中敌我双方攻守的优劣。同样的道理，在企业的选址中，地理位置也具有重要的意义，这一点很像军事上的战略问题。

有这样一个故事，有两户人家在建造房屋的问题上有了不同的看法，一个主张建造在高地上，因为他们那边多雨水，建立在高地上可以避免雨水过多的时候漫过家门口。因此，他们决定选择在一处比较平坦的丘陵上建造房子，用来预防雨季的危险。而另外一户人家则是从平原地区迁过来的，他们自幼住惯了平地上的房屋，他们认为房屋建立在一处平地上更有利于干活做事，建立在高处则下地干活都很不方便，离处在平地的田野较远。于是，他们没有遵照该地区多雨水的规律把房屋建立在了一片低洼的平地上。一年过后，把房屋建立在平地上的那家人觉得自己的决定是对的，因为这一年内并没有下多少次大雨，对他们没有多少的影响，而住在高处的那家人每一次下地都要走很远，劳作之后还要走上那一段高坡路，真的是很累啊！转眼间到了夏季，又是洪水泛滥的季节，这个地方开始下起了大雨。一天两天还没有什么事，可是雨水接连下了四天左右。在这期间，雨水渐渐地沉积在了这片地势较低的平地，慢慢地高出了这户人家的门槛。这家人每次出门都要趟过深深的水，家里也渐渐地潮

刘邦：最厚黑的草根企业家

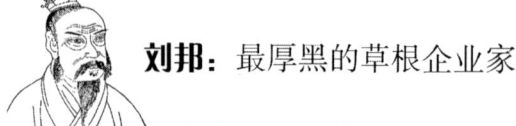

湿起来，以至于皮肤都长了湿疹。由于水往低处流，房屋建筑在高地的那家人门前始终没有积水，他们的屋子里面也就相对的干燥。建筑在低处的那户人家终于明白了自己的选择是多么的失误。

房屋的建立位置和当地的自然环境有着密切的关系，如果没有遵照自然规律建筑，那么吃亏的将是自己。另外，人要学会变通，一个地方有一个地方的特点，如果你一味地抱着自己的想法，认为原来是怎么样做的，现在也应该怎么样做，这种想法也是不正确的。学会听取别人的建议，那么你就会收获到别样的效果。

刘邦成功地打败项羽之后来到了洛阳，他看到洛阳地处平原，景色宜人，田野肥沃，很适合发展生产，兴隆农业，于是就有点不想走了。他在洛阳待了几日，越发觉得洛阳是一片适合建造都城的地方，很多手下员工走到洛阳后也不愿意再去别的地方了，也都觉得洛阳建造都城比较好。因为东都洛阳，绵延几百年，东有成皋，西有肴函渑池，背靠黄河，前临伊、雒二水，地理形势坚固易守。刘邦也有点眷恋故土，因此也就决定定都洛阳。然而这个时候有一位出身卑微的，又是刘邦所不喜欢的一名穷儒生站了出来，竟然告诉刘邦说把都城建立在这是不合适的，虽然易守，但也很容易就被攻破。

刘邦一向是一个容易接纳别人意见的人，于是他就忍住对儒生的偏见，听了这个低层员工的分析，结果觉得很有道理，最后建都到长安，大局的发展验证了他的选择是正确的。

【典故回放】

公元前202年4月到5月之间，汉高祖在群臣的簇拥下住进了洛阳的南宫，他和众多大臣的观点一致。洛阳是一个地处中原腹地，四遭有山水可凭恃的地方，高祖君臣又是清一色的关东人，洛阳地处关东，以洛阳为首都，也是大家感情所能接受的。因此，大家都愿意在洛阳待下来。当时，娄敬听说刘邦

要定都洛阳，于是他去拜见齐人虞将军，请求进谏。娄敬是一名贫寒的儒生，虞将军见到他后看他穿着破烂，就建议给他提供一身华美的衣服再去见高祖。娄敬直接说道："我穿着丝袍见陛下就穿丝袍去见，我穿着麻布短衣就穿着麻布短衣去见皇上，反正我是不愿意改头换面的。"

虞将军于是就不再勉强他，把他的情况告诉皇上。皇上就请他进来。娄敬进宫，高祖看他身着寒酸，于是就赏他饭吃，吃完饭后，高祖问他有什么事情来禀报。

娄敬说道："陛下定都洛阳，莫非是想与周朝一比国势的兴隆吗？"

高祖说："是。"

娄敬又说道："秦地背山面河，险峻的关塞是天然屏障，土地肥美，堪称天府之国。一旦发生紧急变故，百万之众进退自如，即使山东大乱，秦地也可保全。与人争斗，如果不能扼其咽喉而抚其背，算不上全胜。陛下定都关中，便扼住了掌握天下的咽喉。"娄敬又进一步分析了过往朝代定都洛阳的盛衰以及刘邦取得天下的原因。真是字字锱铢，句句在理。

由于娄敬说得头头是道，所以高祖很重视他的意见，并马上就此征求群臣的看法。群臣关东人居多，不愿远离家乡，纷纷叫嚷道："周朝统治天下数百年，秦朝却不及三世而亡，因此定都关中不如定都洛阳。"高祖犹疑不决，便请他的"智囊"留侯张良来筹划此事。张良明确赞同娄敬的意见，说道："不错，依靠这些天然的地理优势，洛阳确实坚固易守，但它的地盘太小，方圆可以迂回利用的面积不过几百里地。而且土地贫瘠，一旦四面受敌被围，很难摆脱困境，不是理想的用武之地。"

刘邦听张良分析得很透彻，就立刻迁都关中。由于当年关中的宫殿都被项羽一把火烧的精光，刘邦决定选择在关中附近的一个地方做了首都，起名为长安，意思是长治久安。由于娄敬提了一个很好的建议，刘邦于是封他为奉春侯，赐他改姓刘，自此娄敬就成为刘敬了。

刘邦：最厚黑的草根企业家

【小中见大】

　　如何选好企业的地理位置是一件很重要的事情，因此企业在选址上应该注意很多事项，多听一些有才华的人的建议分析。在古代，建立都城是很注重地理位置的选择，综观中国的历史，作为都城的最著名的城市总共有四个，一个是北京，一个是洛阳，一个是南京，再有一个就是西安。凡是被选定作为都城的城市皆是一些土地肥沃，地势易守难攻，后背资源充足的地方。

　　我们从古代建都城选址上该学习些什么呢？与企业的选址又有哪些不同呢？首先，我们要考虑一下古代建都和现代建立企业的不同点。古代建都会把首都的安全放在第一位，因此地势大都是易守难攻，用时髦一点的话语来说就是交通不发达。另外呢，古代建都之后往往只局限于一个很狭窄的地域发展经济，也就是说只有都城附近的经济是最发达的，其他地区都不及都城的文化思想先进。因此，都城先进的一面传播的不是很广泛。现代企业的选址不同之处在哪呢？首先，现代的企业选址应该选择在一个交通四面发达的地方，既要有足够的原材料来源，又要有交通上的支持。其次，现代企业必须有一个走出去的观念，让对手认识到你，让同行知道你的名气，传播企业名气是现代企业要做的重要事情。因此，现代企业的选址既要选址交通发达的地方又要选址一个货源充足的地方，与此同时还要方便传播自己的企业名气。

4. 作律九章，制度为本

没有规矩，不成方圆，这句古语很好地说明了秩序的重要性，我们知道在企业中如果没有一个完善的规章制度，那么就会导致工作混乱，如果有令不从，有章不循，则会造成按照个人意愿行事的结局，那么总体的利益就会遭到更大的损害。所谓的规者即正圆之器，所谓的矩则是正方之器。这句话拿到大的方面就是说治国安邦是要遵守一定的规章制度和原则的，小的方面来说无论是个人还是企业都要懂得制度对本身约束的重要性。

制定规矩往往是因为看到了一些不合时宜的现象后产生的想法。刘邦当初刚定天下的时候，宫中是没有什么规矩的，除了在刚进关中的时候为了安抚老百姓定下了一个约法三章外，在建企业之后就没有任何政治上的方针政策了。当然这对于诸位大大小小的领导来说并不是一件坏事，因为他们都是从最底层的农民做到这个程度的。农民的品行大家都知道是很难改掉那种随意和无拘无束的行为，因此，刘邦这帮从起义初就开始跟随他的父老乡亲们根本没有思想上的约束。他们做官后照常像在乡下那般随意地说话和吃饭，最典型的就算是樊哙了。有一次，孙叔通制定完礼仪之后向皇帝奏本说是召集群臣演习一下，结果樊哙在宴席上很不自在，喝酒喝的也不痛快，只喝了九小杯就被宣布撤酒，哪有当初和刘邦在王媪、武负店面里喝酒的爽快，喝完了往店里随便一躺就呼呼地睡了，弄了这些礼仪反而像自己身上长了刺一样难受。酒宴一罢就回家向吕媭抱怨说刘邦不把自己当农民了，喝酒喝的一点都不过瘾。当然，在其他方面，刘邦也发现所谓的约法三章并不能完完全全地管住全体员工，比如出

刘邦：最厚黑的草根企业家

现了偷盗之事并非是关进监狱那么简单的事情，还有人口的管理不当都不能让自己很顺利地把握住究竟掌管了多少名员工。

针对群臣没有足够的规章来约束自己的行为，众人犯了法也没有足够的定罪方案这一重要问题，刘邦做出了哪些反应呢？

【典故回放】

公元前202年，刘邦定都长安，史称西汉。汉高祖定都之后，天下基本上是安定了下来，然而旧愁未去，又添了新伤。刘邦在治理的过程中发现初入关中时所定的约法三章不足以管制全体人员，约法三章本身也存在了许多漏洞，针对一些细节上的约束并没有详细地分析，往往一个人的罪行没有执行的标准，因此刘邦也很犯愁，于是把萧何请了过来。

萧何见到刘邦后分析了治理中的形式，他提议道："四夷未附，兵革未息，三章之法不足于御奸。"刘邦就问道："该如何是好？"萧何又说："制定新的法律来管制他们。"于是，刘邦就让萧何根据秦法，选取适合当下社会现状的法，制定九章律。

萧何在废除秦朝一些苛刻的酷刑的基础上又增添了汉朝的一些不同等级的酷刑，也给汉朝的子民制定了一些宽松的政策；另外在《秦法经》的基础上新增加了户籍、兴律、厩律三篇，更全面的制定了有关刑法的规定。《九章律》篇目，一盗律，二贼律，三囚律，四捕律，五杂律，六具律，七户律，八兴律，九厩律。汉初立法，受黄老"无为而治"思想影响极深，政治上主张清静无为，法律上主张约法省刑、轻刑轻罚。

这一制度的制定大大地稳定了时局，起到了很大的作用。

【小中见大】

当初刘邦初入关中的时候所作的约法三章深得民心，刘邦受到了大家的拥护，以至于人人期盼他做关中王。而在刘邦平定天下之后，刘邦萧何等人发现那些小制度不足以治理天下，于是顺应时局又在秦朝律例的基础上做了新的规章制度。这个制度定立之后，汉朝的各个方面都发展的很不错。九章律定下之后，对汉朝的社会稳定及文化的发展都起到了很大的作用。

我们知道当今的企业中也需要一些规章制度来约束员工，否则的话人人按照自己的意愿来，比如迟到了，没有人管制，等到下一次还会陆续有人迟到，这样就让员工的工作效率大大降低。如果没有制度的约束每一个人都没有压力，没有压力就没有动力，那么这个企业还有什么发展前途而言呢？有了规章制度，员工才有被迫努力的动力，而这些动力恰恰是企业发展必须的要素。但是，制度还是要合乎时宜，否则背道而驰，就不会有什么好的发展结果。

5. 征用儒生，文理治天下

我们知道刘邦的身边什么样出身的谋士都有，但总的来说是武士多于文士，由当时的境况来看，刘邦需要会带兵打仗的人走在前线。再加上刘邦从小便对儒生的腐儒行为产生厌烦，因此，他对儒生都有一种偏见，你看他接见郦食其的时候那副模样，还有接见娄敬的时候都是既不尊敬的，也不看好他们的。他还甚至对儒生做过过分的事情，把儒生的帽子拿下来当便盆，可见他是多么不喜欢和儒生打交道。然而，时势在变化，凭借武力可以争夺土地和人民，可是武力仅仅能征服人民的身体，但是精神上却是征服不了的，要想征服人们的思想就必须用教育来管制。刘邦是一介文盲，说他文盲并不是说他不识一个字，而是在文化上没有多少见识，但是他却并没有因此而把自己的思想定

刘邦：最厚黑的草根企业家

格。他是不喜欢儒生，可是当需要他们的时候他还是很慷慨大方地使用的。刘邦深知武士不懂得礼仪，正如自己怎么也改不了既好色又贪酒的习惯一样。但是文人却不一样，他们在打仗上没有一点力气，也就是说手无缚鸡之力，然而在言辞上还是很讲究的，说话都很到位且懂得含蓄，不像樊哙那个混小子在自己做了皇帝说话还是满口粗语，让人一点威信都没有。因此，刘邦才留下了郦食其并多次派他去别人的集团游说，让对方归顺到自己的部下。刘邦这个领导很有眼力，懂得挑选人才，所以到他下面的文人即使是儒生，也很有个性，不同于一般人。像建议他迁都关中的娄敬，该穿什么衣服见刘邦就穿什么衣服，绝不改头换面。还有陆贾也是很有智谋地向刘邦进谏，这些儒生并没有带半点的腐儒气息。

【典故回放】

陆贾是汉高祖手下的一名谋士，他的胆量尤其大。高祖定了天下，和平的日子就要到来了。陆贾希望刘邦能够多关注一些文化上的东西，这样大家争权夺利所产生的悲剧或许会少一些。然而，刘邦是一个不喜欢听别人咬文嚼字的人。因此，陆贾知道应该把握住时机向他进谏。于是陆贾时常装着不经意间在刘邦面前谈论起诗书来，刘邦自然听了不大高兴。

有一次，陆贾又在刘邦面前谈论起了诗书，刘邦生气地骂道："我们都是在马背上得到天下的，谈论那些文绉绉的东西做什么？"

陆贾马上趁机说道："天下是可以在马背上得到的，然而，能在马背上治理天下吗？商汤、周武得天下是用武力，但却也用典章制度来守城啊！文武并用才是长久之术啊！以前吴王夫差、智伯、秦始皇都是过度依赖武力而灭亡的！如果秦朝在统一天下后，能够效法先圣，实行仁义，陛下安能有天下吗？"

刘邦听了心里有一丝惭愧，于是表示："请试着为我讲述一些秦之所以失天下，我之所以得天下，以及古今成败的道理吧！"

陆贾便简单地记录一些存亡的关键因素，共十二篇，每篇整理完毕后就向刘邦奏上。刘邦点头称许，并将陆贾整理出来的奏篇称为《新语》。

陆贾编著的《新语》不仅影响了刘邦当政时的局势，而且对今后的治国安邦也起到了很大的作用。

【小中见大】

发展企业同样要用到这个道理，如果把一个只会用笔写不会用口说的人放在一个演讲家的位置，让他给大家做报告，我想那将会是一个多么可悲的场景。他一生会用文字表述，现在却用口来说，即使他心中有万言千语，性格的使然也不会让他有半点的表现，反而会显得他很木讷。因此，企业家要懂得取长补短，要懂得一个人有一个人的特长，而不是一个人可以做完整个企业的事情，不要以自己的爱好和想法去用一些员工，而是既要用到懂得文字的人，又要用到会使用嘴巴的人，还要用到会开发市场的人，这样你的企业就能有更好的发展。

6. 休养生息，松弛有度

压力和轻松是相对立的两个方面，如果仅仅给一个人施加压力而不给其相对的放松时间，那么他可以坚持多久呢？一个人若是长时间处在压力之下，精神就会过于紧张，身体也会遭到严重的破坏甚至心理也会产生一种不健康的现象。而放松则会让自己的身心愉悦，更快地恢复自己的体力和精力。

刘邦：最厚黑的草根企业家

我们来回顾一下秦公司为什么那么快就灭亡的原因。秦公司的建立大多是用武力得到的，从刚开始的白起在华阳之战中斩首30万人以示秦威，到秦始皇用武力统一六国为止，再加上秦始皇在做总经理期间征用大量的劳役犯和民工去为他免费修建豪华宫殿以及气势庞大的万里长城。可见秦朝的一贯做法是武力武力再武力，暴力暴力再暴力。这样做的结果是什么呢？秦始皇失去了人心，失去了好口碑。人民的承受力达到了极限，就要反抗了。如果你惹怒了供你衣食的父母，又怎么可能长久地享乐下去呢？总之一个很大的原因，秦朝灭亡和不得人心有很大的关系，而这种不得人心又来源于秦始皇没有把握住农民承受苦难的度。

这也是刘邦和秦始皇的最大一个不同之处。刘邦自小土生土长在农村，对人民疾苦有深刻地体会，刘邦也深刻地了解到人民对于国家的重要性，要不是农民种地为当官的纳税献粮，那么皇上及当官的不早就饿死了吗？如果惹怒了农民，自己今后的皇位也就不要想坐安稳了，这是刘邦的思想。自小的经历让他很看重民心。而秦始皇自小生在一个贵族家庭，很不幸地被束缚了自由，丝毫没有机会到人间走走看看，因此他的意识里就没有民心这个词。就连他当政之后，即使做过几次大巡游，但还是仅仅把目标停留在自己的政权稳定上，根本就没有想到农民究竟有多苦，多累。因此，秦公司的领导在思想上比不上大汉公司领导的思想，不会随民心的浮动而改变。按理说，不管是秦朝得到天下后还是刘邦得到天下后都应该立即想到常年征战带给农民的痛苦，应当立即安抚民心，而秦始皇恰恰没有做到这一点，相反刘邦在决策上做了一个很明智的选择。

【典故回放】

自秦始皇13岁登基就开始给自己修建陵墓，一直到秦朝灭亡，一共修建了40年，还未完工。史书有记载：秦始皇让丞相李斯率领天下的劳役苦力72

万人修建陵墓。可见其浪费了多少的人力物力和财力。这个规模有多大多壮观呢？史书也记载说：秦始皇陵墓挖至泉水之下，然后用铜汁浇铸加固。墓宫中修建了楼阁和宫殿和百官相见的位次，堆满了奇异的珍宝。为了防范盗窃，墓室内设有一触即发的暗箭。墓室弯顶上饰有明珠，象征着天体星辰；下面是百川、五岳和九州的地理形势，灌满了水银，象征着江海大河川流不息，上面浮着用金子制作而成的野鸡。陵墓周围布置了巨型兵马俑阵，身姿神态各不相同。陵墓中还点着长明灯，照的通火明亮。

始皇三十三年，嬴政听信了一句话：亡秦者胡。于是下令开始修建万里长城，其劳民伤财也是难以想象。

公元前216年，秦始皇颁布了一条法令："天下只要拥有土地的地主和自耕农都要按照自己所拥有土地的多少按时向朝廷缴纳赋税，不管你的土地有没有按时耕种，人头税都是少不了的。"这个法令给土地私有制度的建立穿上了一件法律保护的外衣。

公元前212年，秦始皇嫌自己祖先们住的宫殿过于小，于是就征集大量的劳工开始建造气势雄伟的阿房宫。有记载说：前殿阿房东西五百步，南北五十丈，上可以坐万人，下可以建五丈旗，周驰为阁道，自殿下直抵南山，表南山之巅以为阙，为复道，自阿房渡渭，属之咸阳。可见这座宫殿的规模，又有人将之称为阿房城。然而，造这一个宫殿不知道要死伤多少人。当时有这样一首流行民谣：阿房，阿房，始皇亡。

【小中见大】

刘邦在战乱之后看到了天下最需要的是什么，他立即听取了下层领导的建议，开始对民实行休养生息措施，进一步取得了人民的信任。刘邦是一位很明智的人，他看到了秦朝施加给人们压力的后果，正是人们不堪重负，最终超出了他们忍受的底线。如果刘邦接着效仿秦朝管制人们的做法，限制人们的种种

刘邦： 最厚黑的草根企业家

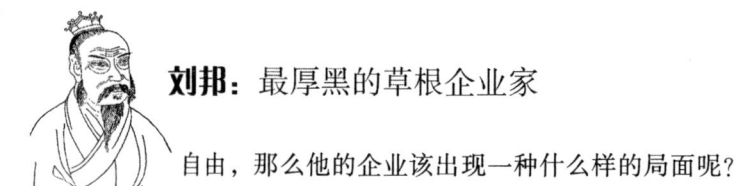

自由，那么他的企业该出现一种什么样的局面呢？

凡事都有度，因此，企业在运转的过程中应该把握住这个度的问题，要给员工一定的压力，又要给员工一些轻松的时间。比如说，人一天工作的时间最好是控制在8个小时以内，如果超出了8个小时或者10个小时，又或者做到12个小时以上工作量，员工将会很快就离职，原因就是工作量超出了他们的最低限度。而有的企业又过于相对的轻松，领导采取放任的方式管理员工，不管员工早上迟到不迟到总不会给予处分。这样对于员工来说，他们是很自由的，因此上班都不会积极起来，长期下去将会导致企业员工工作效率底下，对企业的发展也将会带来不利的影响。

所以，对员工工作的有张有弛才能打造一个高效企业，企业高层领导一定要正确转变经营思想，向领导刘邦同志学习。

7. 集中管理，精简诸侯

企业管理中强调精简机构，意思是什么呢，也就是说管理层不能过于多，多了就不好管理，也容易造成机构臃肿，职责不清等问题。长期下来既增加了财政的负担，又造成了上下信息流通不畅，影响工作效率。因此，不管是企业还是行政机构都要学会精简。当然，我们在考虑精简的时候就不得不考虑集中管理这个字眼，因为你要想不设置那么多管理层，那么你就应当加大你的管理幅度，这样才会照顾到全局。

天下初定不久，刘邦想到并采取了给功臣们大量分封的方法安顿住他们，使人心稳定了下来。全国各地该册封的都已经册封，该封王封侯的也都进行的

差不多了。然而，刘邦的心思其实并没有完全稳下来，他之所以封侯，是因为他心中觉得那些帮他打天下的人，功劳和实力都太大，不封就说不过去。然而，封的话也就要有大小官职之说，如果封的官职小还可以，但如果封的大了，那么必将影响到自己以后的领导权。私心都是有的，而且欲望都是得到的越多就越觉得还不够。刘邦建立起企业后第一次对权力有了看法，他希望自己能够牢牢地握住这个统领天下集团的最大领导权，而不是让一个个比他有能力的人取代他。可是又该怎么样才能让自己的权力集中起来而又不影响其他人对他有意见呢？这时候有一个员工站出来了，这个人就是刘敬，当年给皇上提过迁都长安的穷儒生。作为一个有修养的人来说，他是很懂得报恩的。刘敬非常关心关中能够早日恢复就像当初秦朝时候一样繁华的景象来，拥有天下统一的实力。因此，他决心建议刘邦强化关中。如何个强化法呢？就是把那些自认为天高皇帝远的人都迁移回来。

于是，刘敬进谏刘邦说道："关中自秦王室灭亡以来，居民减少的厉害，但这里土地肥沃，生产力强，其实有养活大量人口的实力呢。任何一个国家，能够足够强大兴盛，就在于有足够的民力。齐国当年的强盛，全靠诸田氏的支持，楚国国立鼎盛也是因为有屈氏、景氏等大家族支撑着。""如今陛下虽然雄踞关中，建立起了政治中心。但是这里的人口不足以显示其兴盛，东方又有六国的强族，万一有个风吹草动的变局，陛下将会很难对付的。因此微臣建议先将六国王室后代及其豪杰迁徙到关中来。国内无事时这一股力量可以用来抵御外族，万一诸侯有变也可以有足够的兵力来进行征伐！"

这些话正好说到刘邦这个大领导的心坎里去了，他非常地感动，除了立即奖赏刘敬之外，也开始了他集中管理的计划。当年的12月，关中兴建了大量的农田水利，住宅，总共新添了10余万人口。刘邦的这一步棋走的很好，一方面以正当的借口把人口都聚集到关中，显示了他爱民的心胸（关中土地肥沃，大家有福同享），另一方面又把那些不放心的人放在自己的眼皮子低下，一旦有个风吹草动立即就能知晓，真的是大大方便了他的管理。

刘邦：最厚黑的草根企业家

【典故回放】

项羽死后，刘邦以鲁公之礼厚葬了项羽，又对鲁地的人们进行了善言的安抚。这一切做完之后，刘邦下一步觉得要做的事情就是收回兵权了。在所有的王侯中，他最嫉恨的就是韩信。韩信带兵打仗的本领太高了，让他心里有一种畏惧感。某次他正在谷城巡查，离韩信所在的定陶并没有多远，他没有告诉张良就来到了韩信的住所。

韩信见到刘邦行了君臣大礼，他先是夸赞刘邦对项羽的恩德，让刘邦心里一阵喜悦。

刘邦不紧不慢地说道："打归打，我还是很敬重项王的，我这个人是忘不了旧交的。"韩信点头称是。

刘邦接着说道："你现在也是诸侯中的一员了，还用亲自带兵打仗吗？我看不用了，你说呢？"

韩信在军事上是一个天才，然而在政治上却并没有敏感性。

刘邦又说道："仗还是要打的，但是那都是些零碎的小股敌人，派兵去吓唬一下就可以了，实在用不着您这样的大将军。你就把兵权交出来，让曹参、灌婴他们去做吧，你看如何？"

韩信半天才明白刘邦的意思，虽然想到了"狡兔死，走狗烹"这句话，但还是没有反抗，他命人将所有调兵遣将的兵符和印信都拿给了刘邦。刘邦就这样在吃饭间说说笑笑解除了韩信的兵权。

吃过饭之后已是夜半，刘邦把曹参等人叫到跟前对他们说道："刚才我与齐王喝酒，没有让你们陪酒，请不要介意。如今咱们大汉已经拥有天下，凡事要有一个体统。齐王是君王，职位高于你们，因此等你们都封王了之后就可以同桌喝酒了。"

众将领知道这话是说给韩信听的，都唯唯诺诺地点头称是。

【小中见大】

　　下级的能力大小在一定程度上影响着上级，因此，当你的锋芒太过于惹眼的时候，你就该思索一下生存的法则了，没有一个领导乐意他手下的光芒超越他的。韩信的兵权太重，他用兵的技巧太高，高的就算有10个刘邦也没有他打仗的本领，因此刘邦害怕了。因为在那个时代，有了兵权就拥有着反抗的力量；拥有兵权还是次要，关键是这个人打仗有真本领。我们都知道只有狼领导一群羊的，没有一只羊领导一群狼的，也就是说领导的实力才是重要的。

　　管理，而要管理好这个企业，让他不出现散架现象，最好的就是自己要牢牢地攥紧企业的中心轴。这个轴就应该以他为主，而不是让其他一些人在不安分中用跳槽或者背叛的方法使企业受到影响。

8. 统一族姓，意在帝业千秋

　　胳膊肘往外拐的事情是很少出现的吧？正是大家都认定这句话不假，所以才在做什么事情的时候，再怎么信不得别人，自己人还是会相信的。这里的"相信"二字并不是单纯地相信他的能力有多大，而是相信这个人对自己忠诚，不管自己交代给他什么事情，他都会严格遵守照办的。这里的自己人就是狭义上的家人朋友。

　　刘邦很懂得这个道理，他深知世事变化无常，就算是最亲近的伙伴也会叛变自己，比如那个从小玩到大的卢绾就是他心中的一个伤。他怎么也没有想到那个同年同月同日生的兄弟会背叛自己。卢绾是一个平平常常的人，在整个作

刘邦：最厚黑的草根企业家

战中他功绩平平，没有任何大的业绩，市场没有开拓一个，计谋没有贡献一个，把他往人群中一放，如果刘邦不去喊他，别人根本就不会知道还有这么一个人。然而刘邦正是因为他们小时候关系好的原因，在他当上皇帝的时候，并没有嫌弃他没功劳，相反做的有点任人唯亲，让很多员工心中有所不满。刘邦找了各种理由就轻易地把卢绾奉为燕王，让其享受荣华富贵去了。然而正是这个把刘邦打死都不敢相信的兄弟也跟着别人造反了。刘邦心里一下子是接受不了的，但是从他召唤卢绾回来参加刘太公葬礼他却称病不来的境况看，刘邦还是忍痛接受了这个事实。

自从这以后，刘邦心中的疑虑就越来越多了，他更加认为异姓王对自己不忠诚，早晚会把自己打下的企业给折腾的支离破碎。那么该怎么办才能拴住这些倔强的马儿呢？刘邦想了很久很久，终于想到了一个办法，一个可以让自己子孙后代做企业领导的办法。

【典故回放】

刘邦在晚年的时候身体由于常年征战再加上心情抑郁健康状况日益下降，然而当时的时局还没有完全好转。韩信、英布的叛变，再加上听说从小长大的伙伴卢绾叛变的传言，刘邦的心情越来越差。他感觉到自己不能再相信任何异姓的人了，如果自己死去，偌大的国家该由谁治理呢？领导权绝对不可以落到外人的手中。想了很久，刘邦决定借鉴西周初期"封建亲戚，以藩屏周"的经验，行白马盟誓。

他在夜晚召集了各个有威望的同姓诸侯将领，请来了吕后还让自己的儿子刘盈参加了这次庄重的盟誓。刘邦命人杀死了一匹白马，取其血放入酒中。然后郑重地和各位同姓群侯起誓："非刘氏而王者，天下共诛之。"起誓完毕，大家端起血酒一饮而尽。

"白马盟誓"后，刘邦大封同姓王，建立起同姓王分封制的体系。血浓于

水，同姓王分封后相当一段时期内，诸侯相安无事。

【小中见大】

人心难测，世事难料，很多东西随着时间的变化都会相应地消失，我们不能确保所有的人都对自己忠心，因此时刻要保持着一双敏锐的眼睛。刘邦很聪明，他知道权力在手的感觉，知道人的欲望都是无穷大的。于是他开始一点一点地把权力收回来，一点一点地将权力全部给了自己的亲人。在他眼里，自己的亲人才是最可靠的，天下在他们的手里才会是最安全的，他辛苦创建起来的劳动成果就不会轻易被别人窃取了。

刘邦这种集权力于自己人的做法是带有一种私人感情的。然而我们也不能责难他的自私，毕竟在那个群雄争霸天下的年代谁不想做一群之主呢？就是拿到现代的企业中，人人都想做领导。俗话说不想当将军的兵不是好兵，可是当上领导的就要时时刻刻地维护着自己的位置不被别人取代。

作为企业的领导人是应该维护自己的权力不被别人窃取走，但是不能太过于自私。可以学习刘邦的聪明，白马盟誓是一种聚权的手段，适合在他那个特殊的时代使用。而企业则应该根据自己的实际情况来决定权力的走向，既要维护好企业的整体利益，又不能让权力过于集中到某几个人身上。

第七章

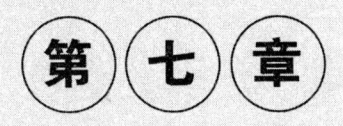

发展的秘诀

企业要想有发展的动力，文化少不了。《展望二十一世纪——汤恩比和池田大作对话录》中对刘邦的思想这样评价道：将来统一世界的人，就要像中国这位第二个取得更大成功的统治者一样，要具有世界主义思想，而在人们能够居住或交注的整个地球，一定要实现统一的未来政治家的原始楷模就是汉朝的刘邦。刘邦不仅是流氓而且是文盲，然而名人对他的评语让我们不得不重审历史。

刘邦：最厚黑的草根企业家

1. 血统贵贱论，看我来推翻

有一部著名的印度电影，名字叫《流浪者》，在这部电影中明显地表达了一个关于血统论的主题：片中主人公的父亲是一位法官，他固执地认为：好人的儿子一定是好人，坏人的孩子一定是坏人。在我们国家很早也存在着这样的观念，富人生来是高贵的，穷人生来是卑微的。因此，我们在历史中经常会看到穷人受欺负的影子，他们生来是为富人做牛做马的，他们生来是为高贵者垫背的。打仗是卑微出身的人打胜利的，然而功劳却全部被那些出身高贵的高层领导掠走了。

很多穷人由于社会世俗的看法，因此当他还没有走入社会就被一个"我是穷人的孩子"的思想观念所控制，即使这个孩子有很高的天赋，但由于自身心理观念的影响使他不敢去尝试着做他所拥有的新颖想法，比如大胆地和富人的儿子说话，即使他们对你不理不睬，也要勇敢地和他们对视。有时候，人的思维是被外界的东西所限制的，实际上却并不是如此，敢于打破思维定势，才能改变自己。

血统贵贱论在相当一段时间内引导了人们的思维，让人们一出生就觉得自己是什么样的人，这一辈子就是这个身份，是不能再有所改变。其实不然，我们可以从一些人身上找到佐证。比如陈胜，他就是一名农民。但是当秦朝的暴政席卷全国之后，天下人都处在水深火热之中，陈胜就发出了："王侯将相宁有种乎"的感慨，于是开始走出他人生的第一步，自己组建军队来反抗秦朝的无道暴政。虽然他失败了，但是他的那种思想上的创新却给了人们很大的启

示。等到刘邦出场的时候，他也像陈胜一样勇敢，不愿意做农民，很想弄一个皇帝儿当当。他虽然出身贫寒，为人却丝毫没有一点猥琐，不像穷小子见了地主就点头哈腰，没有一点尊严可言。相反刘邦黑白两道通吃，既结交了官府之人，也结交了贫民百姓，在他的眼里是没有贵贱之分的。

【典故回放】

刘邦的母亲去世的早，大概是在刘邦反秦的过程中，其母与父在被项羽掠走的过程中死去的，史书上已无从考究了。但是《高帝记》中提到，高帝五年，刘邦即皇帝位，曾经下过诏书，追尊刘媪为昭灵夫人。

司马迁撰写的《高祖本纪》说，刘邦出生时有非同寻常的奇事异相。刘邦的家乡丰邑地势低平，多湖泊沼泽，池塘水洼。话说有一天，刘邦的母亲刘媪在水塘边休息，不小心睡着了，梦见与神不期而遇，一时天色昏暗，雷电交加。刘太公怕妻子受雨淋，于是匆匆跑去寻她，只见有龙在刘媪身上显现，没过几分钟天色又变的万里无云了，龙也消失不见。不久，刘媪有了身孕，生下来的男孩就是刘邦。

【小中见大】

司马迁在编写历史的时候难免带了一些血统论的观点，他所编纂的人物记载中只要是做帝王的都带有一点神话色彩，人和龙的结合本身就带有一种荒谬的思想，司马迁的思维就是定格在"龙生龙，凤生凤"这个模式上了。事实上，刘邦的出身是很贫寒的。刘邦在他病重的时候也说过他是一介布衣，靠一把剑夺得了天下。也就是说他是马背上打下来的天下，而不是靠什么关系走到这么高的位置。

刘邦是第一个由平民登上皇帝宝座的人，他崇尚的是一种人人平等的主张。当初看到秦始皇出游的场景时他发感慨说大丈夫就应该做到那种地步，这

刘邦：最厚黑的草根企业家

句话中蕴含了你可以做到这一地步，其他的人也可以做到，只要是一个顶天立地的男子汉。这完全是体现了他不在乎身份高低的观念。

刘邦的思想在一定程度上给了我们企业这样一个启示，作为企业领导，不需要考虑人才的出身如何。企业要做的是创新思维，打开自己的思路，摒弃陈旧的、腐朽的观念，开创属于一条自己的道路，这样才不会在思维定势中让自己的企业陷入到一个停滞不前的怪圈中。

2. 御驾亲征，古今第一位

有些人一旦做了高官就不知道自己是谁了，沾沾自喜，高高在上，对人很是无礼，做事情也是带着自己的有色眼镜来的。这样的人往往是搬起石头砸自己的脚，不管是在现代的社会里还是在古代的社会里这种事情都屡见不鲜。

我们在企业中也会遇到这样的问题，那就是当一个人的领导权达到一定的层次时他会对下面一些人颐指气使，显出一副高高在上的姿态来。其实，作为领导是不应该忘记自己的位置是谁给的，无论你的权力多大，如果你没有和员工站在一起共同努力的意识，那么你的位置将会很快被取代。用自己骄傲的心态面对你的员工，结果被员工赶下了位置，无疑是搬起了石头砸了自己的脚。咱们的"混混领导"刘邦虽然位居高位，但是在企业危机来临的时候，他还是亲临战场给员工打气，一直到打败别人为止。

【典故回放】

汉高祖晚年，刚刚平定了韩信的叛乱就又听说了英布起兵造反。汉高祖召集将领们问道："英布造反，对他怎么办？"藤公告诉皇上说："我的门客尹薛公很有韬略，可以问他。"汉高祖就召见了薛公。

薛公回答："假使英布计出上策，山东地区就不归汉王所有了，计出中策，谁胜谁败就很难说了；计出下策，陛下就可以高枕无忧了。"

皇上说："什么是上策？"

薛公说："向东攻占吴国，向西夺取楚国，吞并齐国，占领鲁国，传一纸檄文，叫燕国、赵国固守他的本土，山东地区就不再归汉王所有了。"

皇上又问："什么是中策？"

薛公回答说："向东攻占吴国，向西攻占楚国，吞并韩国，占领魏国，占有敖庚的粮食，封锁成皋的要道，谁胜谁败就很难预料了。"

皇上再问："什么是下策？"

薛公回答道："向东夺取吴国，向西夺取下蔡，把辎重财宝迁到越国，自身跑到长沙，陛下就可以安枕无虑了，汉朝就没事了。"

皇上说："英布将会选择哪种计策？"

薛公回答说："选择下策。英布本是骊山刑徒，自己奋力做到了万乘之主，这都是为了自身的富贵，而不顾及当今百姓，不为子孙后代考虑，所以他选择下策。"皇上见他说的好，于是赐封薛公为千户侯，册封皇子刘长为淮南王。

皇上开始调集军队，亲自率领着向东攻打英布。

英布造反之初，对他的将领们说："皇上老了，厌恶打仗了，一定不会亲自带兵前来；派遣将领，将领们只害怕淮阴侯、彭越，如今他们都死了，其余的将领没什么可怕的。"英布的军队向西挺进，在蕲县以西的会甄和皇上的军队相遇。和英布遥遥相望，刘邦远远地对英布说："何苦要造反呢？"英布说：

刘邦：最厚黑的草根企业家

"我想当皇帝啊！"皇上大怒，骂他，随即两军大战。英布的军队战败逃走，渡过淮河，几次停下来交战，都不顺利，只和一百多人逃到长江以南。英布原来和番县令通婚，因此，长沙哀王派人诱骗英布，谎称和英布一同逃亡，诱骗他逃到越南。英布相信他，就随他到了番阳，最终在番阳兹乡百姓的民宅里被杀死。

【小中见大】

刘邦御驾亲征本是英布所不曾想到的事情，他认为刘邦已经年老厌恶战争了，而能和他相对抗的韩信也已经不在了，因此他很有信心地认为自己会谋反成功。却没有想到，皇上居然率领着部队亲自来抗战了。皇上是一国之君，英布的军队史书上虽然没有描写有没有见到皇上时心中有所忌惮，但从人之常情来看，英布军肯定受到了皇帝亲临战场的影响，锐气自然会比皇帝的军队低了一些。英布最后被自己相信的人所诱骗，也在一定程度上顺应了咎由自取这一说法。

汉高祖作为企业的最高领导人，在自己的身体状况极为不好的情况下，还能撑起精神接纳下人的建议，并且拖着病体去攻打英布。从他的身上，我想企业的领导人应该意识到作为最高领导所起的作用。领导是大家的希望寄托，下面每一个人对企业的希冀都依托企业领导来完成。因此，不管你位置多高都要有大局的思想，且不可高傲地对待员工，要知道你的一切就是员工给的。学一学刘邦的大局意识，学一学刘邦的领导思维。

3. 故里话沧桑，多少豪情在

富贵了不能忘掉自己的家乡，时刻为家乡做点好事，让自己的德行惠及到生养自己的地方。对于故乡，我们都会有一种难以割舍的情怀。家乡的味道，家乡人的热情，家乡的每一寸土，每一个地方都曾经留下了自己很多美好的回忆。因此，落叶归根成为很多人最终的梦想，不管是年轻的时候多么向往远方，多么渴望高飞，等到事业有成，等到自己的年龄不再青春时，成熟的心开始思念家乡，开始回归最初的自己。

对于这种情怀项羽不能释然，刘邦也不能释怀。这两个大集团的人物始终都是喜爱自己家乡的。项羽在和刘邦的战争中，他取得了咸阳，然而他天性嗜杀，想都没想一把火就把咸阳城烧了个精光，掠了珠宝美女往东走了。有人劝他说，咸阳这个地方有山河为屏障，四方都有要塞，土地肥沃，可以建都成就霸业。然而，项羽看到被烧过的咸阳一点也不动心地说道："富贵了不回家乡，就好像穿着华美的衣服在黑暗中行走，有谁知道呢？"在项羽眼里，人若是富贵了最好是回到家乡去，在那里你才会让家乡的人知道你的伟大，知道你是一个英雄。当时刘邦和项羽的战争正处于关键时刻，项羽只想到了要回家而没有想到咸阳这块地方比先回家更加重要，因此说他的思想观念是狭隘的，他输也就理所当然了。我们不能说他想念家乡想回家是错误的，因为人都有七情六欲都有自己的感情寄托。同样，刘邦在他打完仗后也有思乡心情，正是他了解这种心情所以他在对待老人上也就很理解了。父亲没有聊天的人就把乡亲们接过来，想念故乡的样子就给他造一个一模一样的环境出来。

刘邦：最厚黑的草根企业家

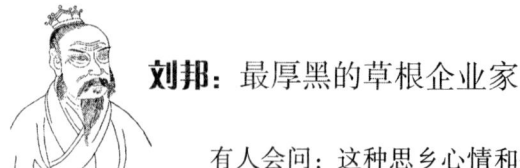

有人会问：这种思乡心情和企业有什么关系呢？我们要讲的是不管你的企业建立得有多么大，请不要忘记了你建立企业的根源所在，你为什么会建立起这个企业。当我们成功的时候请想一想我们的过去，过去的每一件事情对我们都有着影响。

【典故回放】

平定英布叛乱的归途中，刘邦路过了自己的家乡，特别召集沛郡故人、父老子弟举行酒宴，并由沛县年轻子弟120多人组成歌舞团，为刘邦平定英布叛乱成功大举庆祝。

酒宴进入高潮时，刘邦亲自击筑，慷慨高歌：大风起兮云飞扬，威加海内兮归故乡，安得猛士兮守四方。刘邦还乘着酒兴，起而跳舞，气氛悲壮，情绪高昂。沛县父老全都起来共舞。刘邦深受感动，不禁伤怀落泪。

酒宴结束后，刘邦召见父老乡亲，对他们说："流浪在外的人，每个人都有思念自己故乡的悲情。我虽然定都于关中，但即使死了以后，我的魂魄也还是乐意回到沛县来的。况且我开始便是以'沛公'名义来诛暴秦而得到天下的啊！因此，我决定回馈我的故乡，特别赐予沛县的所有居民永远不必缴纳赋税给朝廷。"刘邦很快就要启程了，乡亲们都舍不得他，跪下来求他把丰邑的税也免掉。刘邦说："我虽然生在丰邑，但是自小在沛县长大。当初，我出生的时候正赶上秦始皇屠杀婴儿，邻居们唯恐避之不及，对我家没有半点的同情，我们家也是在他们的逼迫下才流落在沛县的。还有那个雍齿让他做丰邑的郡守，守卫百姓，他却负我所托，投奔了敌人。我不能免去这个税收。"乡亲们又求他说："陛下一向宽厚，毕竟你是丰生沛养，你还和那有一丝的关系呀！你还是把他们的税收给免掉吧！"

刘邦见众乡亲都不愿意起来，于是答应了他们的要求，丰邑自此也不再征税。刘邦的厚爱及大方让百姓们都感激涕零。

【小中见大】

刘邦在成功之后又回到了家乡，这个时候的他已经不再是原来人们眼中的小混混了，而是众人尊敬的皇上，身份已经高贵起来。然而，刘邦仍旧像小时候一样和父老乡亲们唠家常，一起喝酒吃肉。临走时，还永久性免了沛县的赋税，可见刘邦是深爱着自己家乡的。并且他没有忘记自己曾经的艰苦生活，回想起来自己当年以沛公名义来起义无限感慨，这些情绪使他对未来企业的发展也有诸多的思考。

企业有追逐利润的自身属性，但利润不应该是一个企业的终极价值形式，在利润之上还有社会责任。而企业的感恩文化，则应该是企业以保障企业共同利益和践行社会责任为根本，通过有效机制构建企业与企业相关人（老板、员工、顾客等）、社会之间的回赠、反哺的良性互动，最终实现企业发展成果共享最大化和企业价值最大化的精神价值观。

"乌鸦有反哺之恩"，"羊羔有跪乳之德"，中华民族是一个有浓厚人情文化传统的优秀民族。企业内部的感恩文化不单单是指企业员工共享企业发展成果和福利待遇有多高，更多的是整个企业的人情味，直接体现在企业对员工的尊重程度。企业构建感恩文化的重要体现就是企业自觉履行社会责任；而企业履行社会责任，最直接的表现就是成功创造巨额利润后反哺社会，比如有财务预算的捐赠、捐助，参与和支持公益事业，修筑公共设施，持续性地资助希望工程和社会弱势群体等。

刘邦：最厚黑的草根企业家

4. 季布生，丁公死，忠诚度大比拼

我们知道，一个企业需要的是员工对领导绝对的忠诚度，如果你不忠诚，没有愿意为企业奉献一生的打算，那又怎么能够有一个光明的前途呢？我们先了解一下员工的忠诚对企业的重要作用。公元前206年，刘邦进入了关中，项羽在一个月后才到达这个地方。项羽得知刘邦占领关中之后非常恼怒，于是两军出现了极大的矛盾。然而，这个时候，刘邦的手下左司马曹无伤打起了心中的小算盘。他想来想去觉得还是投靠项羽得到的利益大一些，于是就派人到项羽面前火上浇油，对项羽说："刘邦要在关中立王还要封子婴为丞相"。本来正处在风头上的项羽一听这话立刻大怒，于是有了鸿门宴上的那一幕。可见曹无伤是矛盾激起的导火线。作为一个背叛自己的人，刘邦得知后立刻把他斩杀了，曹无伤的飞黄腾达梦想还没有起步就被熄灭了。

员工的忠诚度既是企业发展的动力，也是企业维护形象的一个重要因素。在企业中，刘邦扮演了一个企业执法者，如果有不忠于企业的人都应该教诲，教诲不成功者将会没有什么好的下场。他用这种不忠之人的下场来告诫企业集团的其他人，借以让人服从企业的总体利益。曹无伤作为企业的一名员工为自己的未来着想本来是没有什么不对的。他如果想跳槽，可以，只要你跟领导说一下也行啊。像刘邦这么一个大度的人岂能和你过意不去，你就说你家中有紧急事情要辞职回家不就得了，等你过上一段时间去项羽的企业上班就可以了。反正你是辞过职的人，已经与那个企业脱离了联系，也就不存在背叛了。可是曹无伤呢，就像是一个买股票的人，经过反复思索，反复比较之后还是下定不了决心而是先试试看。如果成功了就立即走人，如果不成功只要没有人供出自己就不会有什么事情的，还可以在刘邦这个大企业里混碗饭吃。然而谁想到，他想要投奔的主子却第一个出卖了他，这个结局或许就是他不忠于主子的折射吧？

在刘邦马背打下天下后开始有人对他的皇位有了垂涎，于是一个个有能力的人相继造反。刘邦的危机意识已经在他登上皇位的时候就有了，只是当时由于他们的功劳太大，没有办法不给他们封官加爵。不过刘邦已采取种种手段来防。但是，令刘邦很不开心的是，韩信起兵了，连女婿的手下也跟着造反，还有自己从小玩到大的朋友卢绾也造反了。对于这样的人，刘邦是如何做的呢？

【典故回放】

季布与丁公，是同母异父兄弟，刚开始的时候都是项羽手下的大将，在楚汉相争的早期，都为项羽立下汗马功劳。书中记载：季布当项羽的大将，战场上曾经数度追捕刘邦，使刘邦受到很大的惊恐羞辱。以至于项羽败死之后，刘邦悬赏黄金2.4万两捉拿季布，并且下令胆敢窝藏季布的，屠杀三族。季布在走投无路的情形下，只好化装成和尚，投奔朱家。幸好朱家侠义，通过夏侯婴说和。刘邦从谏如流，特赦了季布，并且让他担任禁卫官。

丁公也在项羽手下做事，有一次追捕刘邦，追得他无路可逃。刘邦情急，向丁公乞求说："我们两个，都是一代贤才，为什么不能相容？"丁公遂手下留情，饶了刘邦一命。项羽战败之后，季布被通缉，丁公也四处躲藏。当听说刘邦赦免了他的弟弟季布，就想着自己曾经放过刘邦，去投奔他，他一定会给予自己奖赏。于是，丁公就去找刘邦，没想到刘邦却说："丁公为项羽的臣子，对待将领却并不忠诚，这才导致主公失去了天下。"因此，刘邦杀死了丁公，并且告诉下面的人说："为人臣者都不要效仿丁公这个人！"

刘邦：最厚黑的草根企业家

【小中见大】

我们从刘邦斩杀丁公的做法上可以看出刘邦的深思远虑，因为他知道一旦有人叛变，自己辛苦建立起来的企业就会毁于一旦，因此他很重视忠诚度这个问题。从季布的身上他看出了季布对项羽的忠诚度，所以他觉得自己用心留住这个人才会给自己带来很大的帮助。从与丁公的交流中，刘邦看出了丁公心软的一面，假如在今后的过程中，他遇到了同样的问题岂不也会做出如此的举动，这对于企业可是极为不利的。

作为现代企业的领导，我们要学会形成一个自己的观念，要给自己制定一个评判员工的规则，这样才可以及时规制员工，也便于员工对自己有一个认识。

5. 思秦亡之道，走不同之路

条条大路通罗马，这个世界上有很多条道路可以通往成功，也有很多条道路通往失败，失败之路和成功之路是没有区别的，他们就是一条条大大小小的路横隔在你的面前，剩下的问题就是你如何选择了。选择对了，那么我们就会通往成功。我们没有办法提前分辨出哪条是成功的道路。但是，我们可以借鉴前人的经验来判断这条路的成功率有多高。

重蹈覆辙这个词是来形容那些不知道吸取教训，明明看到别人走的那条路是行不通的，结果却还是孤注一掷地走向了这条不归路。东汉光武帝刘秀重用外戚梁冀一家，梁家横行无忌，毒死汉质帝刘缵。汉桓帝刘志当皇帝后，利用身边的五个宦官除掉了无恶不作的梁家，将这五个宦官封侯，大将军窦武写信给汉桓帝不要像汉质帝一样重用外戚，否则到最后也会给自己带来后患。结果窦武被宦官杀害，而宦官更加地作恶多端，给汉桓帝刘志也造成了诸多的影响。作为一个新上市的企业公司来说，最重要的就是要在前人成功的基础上有自己的创新，而不是跟随着前人的步伐，不管是失败的也好，成功的也好都拿过来给自己用，这样很容易就让自己陷入同样的结局中。

刘邦所建立起来的集团有多大呢？足以覆盖整个中国了吧，如果刘邦一不小心走上了暴秦的道路，那造成的后果必是和秦始皇一个样子的。咱们来看一下刘邦的治国思想，他走的是什么道路呢？

【典故回放】

汉高祖六年，刘邦在大封29位列侯的同时，又分封了4位同姓诸侯王。

刘邦把二哥刘喜封为代王，主管山西太原一带。

刘邦最喜爱小弟刘交，将其封为楚王，将薛郡等36城教给他管辖。

由于看不惯大嫂当年的作为，刘邦一直未将他的儿子分封。后来，刘邦的父亲看不过去了，亲自找刘邦说。刘邦回敬道："我不是忘记了分封他，而是因为大嫂当年做的太过分。"不过，刘邦还是封了大嫂的儿子为"羹颉侯"。

刘邦也想给自己的儿子封王，但是由于儿子太小，唯一大点的就是刘肥。平定了韩信的叛乱之后，田肯对刘邦说道："不是自己最亲近的人是不能够在齐地称王的，因为这里地势险要，如果落到他人手中就很难再夺回来了。"于是刘邦趁机将自己的大儿子刘肥封了齐王，并下令凡是能说齐国话的人都要跟随齐王。当时天下流民很多，凡是有齐地口音的人都被送到了儿子的辖地，刘邦这样做是为了让儿子做大做强。另外一个是荆王，即刘贾。《史记》记载说刘邦抓了韩信之后，"欲王同姓者以镇天下，高祖子幼，昆弟少，又不贤。"于是封刘贾为楚国的荆王，管辖楚国的另一半土地。

刘邦： 最厚黑的草根企业家

【小中见大】

秦朝之所以会灭亡是因为他没有给自己打预防针，为什么这样说呢？秦朝建立的郡县制，是把权力集中在了自己的手中，但是却没有发现权力的过分集中导致了人民内部矛盾。地方与中央集团矛盾的激化，也让秦始皇的王朝毁灭速度加快。刘邦在一开始的时候分封的是异姓王，而后又封了同姓王这是为什么呢？既然后期刘邦害怕异姓王夺走他的皇位，为什么不像秦始皇一样实行郡县制呢？刘邦分封异姓王其实是有着不得已的苦衷，因为跟随他的那帮兄弟功劳都是不小的，而自己还需要他们帮助稳定天下，所以要先给他们吃一颗定心丸，等到了天下基本稳定后他就开始想法集中自己的权力。刘邦的智慧所在就在于他能够看到秦朝灭亡的原因，并且吸收其教训，能够加以防范，这正是他的过人之处。

企业所要学习的就是刘邦身上的这种防范精神，企业发展之路有多条，然而每一条路都是由无数个人走过的，他们的或失败或成功都可以给我们很多的启示。我们既要学习他们的先进之处（刘邦学习的是秦始皇这个高层领导握紧皇权的先进理念），又要学会创新理念。比如刘邦就知道先安定人心，然后再把权力一点一点地集中到自己子孙后代的手中。毕竟一家人是好商量的，遇到什么大事都可以协商解决，而不像异姓王有了利益之后只会争先恐后的夺权争利。

6. 放权与收权，思想的灵动

俗话说："水满则溢，月圆则亏"。对于权力来说，如果一个人把全部的权力仅仅地握在自己的手中，那么就不会有什么好的发展前景。权力过于集中

则会造成亲朋皆散，没有人能够再为自己展现出真本事。做人做事不要太过，过了就不好了。权力是大家给的，还需要让大家都享受一下才好。

给别人一些权力不仅让大家觉得你是一个不错的领导，还可以给自己减轻一些负担，让别人为你做绩效。另外，给予别人相当的权力会让员工觉得你是一个爱惜人才的人，因此更加佩服你，尊敬你，进而会为你更加拼命做事。

孔子的学生子贱有一次奉命担任一个地方的官吏，子贱上任后，却时常弹琴自乐，不管政事。然而，他所在的地方却民业兴旺，治理得井井有条。这使上一个御任官职的官吏很是不解，因为他每天都起早贪黑，忙的筋疲力尽也没有把这个地方治理好。于是他向子贱请教："为什么我那么辛苦都不能治理好这个地方，而你这么轻松就治理得这么好呢？"子贱说道："是因为你不会放权，你总是依靠自己的力量来行事。所以很辛苦，而我却是借助于别人的力量来完成的。"

当然，放权并不是一直放下去，还要学会收权。否则，养虎为患，后果自然是难以想象的。因此，我们常说，放权容易收权难，在这上面，领导要把握住收权的时机。有时候，在集团里，我们抓的多了得到的反而少了，抓的少了得到的收获却多了。领导要学会放权和收权，学会这两者之间的平衡原则。

刘邦是一个懂得放权的人，他敢于给人才一个展示自我的机会。陈平"六出奇计"全都是在刘邦委以重任的期间，萧何、张良哪一个不是由于刘邦的大胆放权而让自己的职业生涯过的有声有色呢？英布、彭越、韩信为什么能够在战场上冲锋杀敌打得那么起劲，就是因为刘邦敢于放权，懂得在适当的时候放权。彭越战争中刘邦集团先是失败，后来由于大胆放手让韩信去攻打其他的几个国家，迅速地帮助刘邦清除了围在眼前的危机，使刘邦专心致志地对抗项羽集团。彭越首战虽然遭到了打击，但是韩信接下来的一次又一次胜利却让刘邦由一个弱小者转变为一个强大者。

刘邦是一个大智若愚的人，该放权的时候就放，该收权的时候就收，把人才牵制在他的手心里。刘邦在楚国给自己增加的压力下可以毅然地放手给韩信

刘邦：最厚黑的草根企业家

3万兵力，而在作战中他会看时机调回韩信的兵力，以大局的发展为借口。在刘邦消灭竞争对手项羽后得到天下，刘邦又开始一点一点地以各种理由将韩信的兵权收为己有，并定韩信以谋反罪，除掉了他最大的心病。项羽则不懂得放权和收权的艺术，他在权力上尤其不愿意让别人拥有大权。在对待九江王英布上，他虽然给了他一些权力，可是英布王依旧不愿意听他的调遣，为什么呢？就是因为项羽给他的权力不够大到满足他的心里需要。如果项羽当时把握住了放权给英布的时机，那么英布就不会在关键的时候投奔刘邦集团，也不会让自己失掉一个独当一面的将才。项羽还不懂得收权，当他看到英布屡次三番不愿意帮助他攻打刘邦集团的时候他只是生气、发怒，而并没有想到立即夺回他的兵权，以至于英布带走不少的人马投奔了对手的集团。

【典故回放】

刘邦拿出四万两黄金给陈平，陈平设法买通项羽军中的人，令他们放出流言，说钟离眛等大将为项王立了不世之功却没有得到封王、封侯，心怀怨恨，已与汉王暗中勾结，打算助他打垮西楚。汉王已许诺他们成功之后将把楚地尽分给他们。还说项羽刚愎自用，不听亚父忠言，才弄得天下大乱不可收拾，许多将领已暗中与亚父商量，拥护他为楚王，以重整山河。

项羽听到流言后也认真起来，令人悄悄调查。

项庄对项羽说："你还记得鸿门宴后范增的表现吗？他把玉斗砸碎了，还骂你是'竖子'，说'竖子不可与谋'！在场的人都知道这事。"

有人出主意让项羽派使者到刘邦处，暗中调查刘邦对使者的态度。

陈平知其然，于是先以最高使者的礼节对待，假装以为是范增的使者，后得知真情况后，急忙撤下最好的宴席，摆上粗略的食物。项羽的使者又气又急，急忙问道："这是为什么啊？"

"太宰大人弄错了，他以为你是亚父的使者，原来你是项王的人……"

项羽的使者怒不可遏，也不拜见汉王了，立即出馆上马，一路上无人拦截，奔回楚营向项羽报告去了。

项羽听了使者的话，从此对范增不再相信，且防范甚严，并逐渐地夺走了他的一些权力。他若不是项梁的老臣，项羽绝不会饶恕他的。

几天后，范增催促项羽加紧攻城，他说："现在刘邦已经势穷力竭，只要再加一把力，他就兵溃西窜了"。

项羽听后不语，过了一会冷笑说："真是这样的吗？如果真像你说的那样，那么为什么还有人跑到刘邦那里去了呢？"

范增仰头说道："天啊！天啊！您是不是已经早把大事定了？那么，我们还留在这里忙活什么呢？"接着流着泪说道："君王你好自为之吧，我范增还要把这把老骨头送回家乡去呢。"

项羽同意了他的要求。范增于是带着行李往家乡的方向走去，那里还有他的家人，一路上既恨又怒，背上又生了恶疮，还没有到达彭城就死去了。

【小中见★】

项羽收权收的不是时候，在正用人之际听信小人的谗言，竟然把对自己最忠心的亚父的权力给收了，这是他本人性格缺陷造成的。他没有一个足够大的胸怀和眼光。给英布放权没有放成功，收权也没有想到。给亚父收权收的也不是时候，只因项羽不懂得收权和放权的艺术。

作为企业的领导者，要学会"权力要有所授有所不授"，授权要与企业集权相互协调。领导者要保留企业发展的决策权，保留关乎企业发展的根本大计、关乎企业内部运作的根本思路、关乎企业命脉等权力。否则，一旦这些权力被下放，领导者的权力就会被架空。另外，领导者要善于发现下属有"弄权"的蛛丝马迹，要分析其给企业带来的影响，切忌不可让其放任自流。拥权者要是通过拉帮结派为自己谋取私利，则会为企业埋下恶果，这时企业要立

第七章 发展的秘诀

159

刘邦：最厚黑的草根企业家

即收回权力。收权会对下属带来什么影响不是最重要的，最关键的是收权给企业的前途发展能够有什么影响。只有牢牢地按照企业的发展目标走才会达到目标一致，企业稳步发展。

7. 被文化征服，做理念的先锋

不管是做什么，我们都要讲究一个文化因素，比如企业文化。正比如企业是一个活生生的人，那企业文化就是他的灵魂，一个人若是没有了灵魂那么就如同行尸走肉，没有一点发展的余地可言。因此说文化对企业是有很重要的影响。企业文化是由企业集团内部员工全体成员的意志、特性、习惯和科学文化水平等因素相互作用的结果。它与文教、科研、军事等组织的文化性质是不同的。因此，良好的企业文化对员工的影响是很重要的，而反过来说企业文化的形成离不开全体员工的努力，因此我们可以肯定一点的是员工的文化素养、工作习惯和毅力对企业文化的形成起着很重要的作用。

刘邦是一个仇视文化的人，他在没有创立其企业之前我们从他对待儒生的态度上可以看出他对文化憎恨的程度。秦始皇当政期间曾经有过大肆的焚书坑儒事件，秦始皇颁布的这个政令对刘邦来说是一个很开心的事情。他自己就做过把儒生帽子当做小便池的事情，如今有个人做得比他更加的"上档次"，刘邦乐不可支。作为秦朝最低的亭长官职，他也参与了抓儒生的事件。他的这种仇视文化的思想并不是因为"生不逢时（读书的时机）"而是他骨子里的一种性情。他们家世代都是文盲，直到刘邦当上了皇帝之后，他的父亲还仍旧没有改变自己的这种习性。儿孙都开始学习文化了，他却让刘邦把乡里乡亲接到自己的身边，营造一种世风仍旧过着当初那种没有什么科学头脑的生活。可见刘邦的家人，世风和文化有多么格格不入。因此，刘邦曾经仇视文化不仅仅在于他自己，还有他的家人和所生长的环境因素。

然而刘邦并没有被一个固定的思维模式所羁绊，在创造企业的过程中他逐渐意识到文人的作用，因此也就对文化有了深刻的认识。在征战过程中他重用了郦食其、隋何等一帮文人，并且从不轻易杀害文人，就算有了过失也最多只是骂上几句，事后还是很尊敬地对待他们。比如对郦食其的态度，他曾经给刘邦出过复立六国后人为主的主意，张良得知后立刻分析出了其中的弊端，阻止了刘邦的错误倾向。要是放在其他将领身上，郦食其不是死就是要痛打几十大板，还有可能丢掉自己的工作。而刘邦则只是骂了一句："竖贤，几败公事！"然后就让人立即销毁了六国的印章，未做任何追究，对郦食其在今后的建议中仍旧采纳。刘邦对文化的转变说明了他是一个善于根据事宜而改变自己的人，正是他的这种性格让每一位比他本身要高很多的人才在他身后做了一名员工。刘邦成功建立企业后，很是重视文化的发展，他建立了宏大的"国家图书馆"天禄阁、石渠阁等，另外还把南北文化融合在一起，将楚文化与汉文化结合起来发展，实现了文化的保护和统一发展。

【典故回放】

《史记·叔孙通列传》记有一段叔孙通与其弟子的对话，清楚地揭示了刘邦早年的用人之道。叔孙通于汉二年由楚降汉之时，长期跟随他的儒生弟子中，有百余人跟着一起降汉，想经他举荐，在刘邦手下做官。然而，叔孙通对这些儒生弟子一概"无所言进，专言诸故群盗壮士进之"。弟子们背后骂叔孙通："事先生数岁，幸得从降汉，今不能进臣等，专言大猾，何也？"叔孙通听到后问弟子们："汉王方蒙矢石争天下，诸生宁能斗乎？"汉王正冒着枪林弹雨，用武力与人争夺天下，你们能上前线动刀动枪地拼杀吗？汉王如今急用

刘邦：最厚黑的草根企业家

的是武夫，我自然只能"先言斩将搴旗之士"。

《史记·淮阴侯列传》记载刘邦当听说萧何居然费时费力地去追逃跑的文士韩信，刘邦就觉得无法理解，对萧何骂道："逃亡的人有十几个大将你都不去追，偏偏追他一个，你是在骗我的吧！"可见刘邦最初用人思想是以武将为重，文人为次。

公元前195年，当了三年沛公、四年汉王、七年汉皇帝的刘邦，临终前，亲笔给太子刘盈写了一封敕书：我出生的时候正是乱世，之所以没有读书是因为当时的秦始皇正在禁止文化的传播。当时我还沾沾自喜，认为读书没有什么用处呢。然而，我当上皇帝之后，因为职务的需要，这才开始读书，让人讲解书中的字义，回顾以前的所作所为，才发现好多的字义都理解错误了。深感悔恨，也深恨自己读书太少。刘邦又说："读书就得识字，于是我又自觉扫盲，边读书、边问字，问字音字义，也问字的写法，随之学着练写字，渐渐连猜带蒙能读了，也凑凑合合会写了，虽说写的不大功整，但勉强也能对付日常政务了。"

【小中见大】

刘邦先是讨厌文化，后又努力学习文化，他思想的转变是随着时局的变化而变化的。企业集团在建立之时需要的人力，需要一个一个砌墙高手来完成建设，而不是依靠一个连砖头都拿不起来的知识分子，建造企业是需要体力和勇气的，因此每一位能够上战场杀敌人的将军都是一个好人才，都是企业建造的得力助手。刘邦刚开始的时候是重"武"轻"文"的，而到了企业打造好之后，这么大的一个集团，这么漂亮的一个建筑，如果大家都对他粗鲁的不像话，谁和谁一生气，动辄就拿剑往墙上刺，要么就是俩人大声地在企业大厅里喧哗闹腾，言谈举止和企业的漂亮一点都不般配。因此，刘邦开始觉得企业文化有必要建立起来了，这个时候谁是企业文化建设的焦点呢？当然是那些有知

识的人了。于是，刘邦开始重用文化人，让他们制定企业制度，著书立说，教育子弟们。

刘邦在倾尽全力使企业集团的文化素质提上去，他希望自己的企业能够建设得更加完善，因此他愿意从自己做起，虽然自己读书少但还是愿意去积极学习，去吸取一些新的知识。如今的企业领导也应该积极地学习一些先进的理念，力求把自己的企业文化建设得更加完善，把企业的形象做得更好。

8. 孝字当先，身率示范

以孝义来治理企业或许会让人匪夷所思，孝是用来孝敬父母的，怎么能够和企业的兴衰联系到一起呢？这里面其实是有一定的关联的。行孝是一种手段，是对父母长辈爱护的一种表现，推行孝道文化则是一种对企业发展起着不可小觑作用的方式。

在中国倡导这样一个理念——德治国家，也就是用品德来治理国家。在新形势下弘扬中华民族传统的孝道文化，以德治国，这是一种聪慧的战略手段，传播孝义文化可以凝聚民心，有效地促进精神文明建设。对于企业来说也有同样的道理，企业是需要一定的精神来辅助前行的，而这种精神是一种积极的，能够团结企业员工的无形力量，这种力量来自于某一个具有影响力的人的实际行动，这个人往往是企业的领导。员工感动于领导的身体力行，于是就会效仿他，效仿的人多了起来，整体的企业精神就会有所改变，人人都会谦让，人人都会互相尊敬团结。

说到身率示范我们不能不聊起刘邦，他是一个怎样的人呢？他的思想又有

刘邦：最厚黑的草根企业家

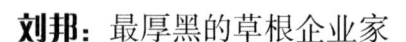

哪些不同？刘邦是中国第一个以孝理治理天下的人，他的所作所为被世人永久称颂。刘邦做了皇上后，很诚心地对待他的父亲，在他眼里儿子就是儿子是没有君臣之分。因此，他时常和父亲住在一起，并因为父亲一些难以改变的乡情，他就请人帮助刘太公建立了和家乡一模一样的房屋，并开辟了田园供父亲耕作用；担心父亲和宫里的人说话谈不拢，怕他孤单，于是又把家乡中和他比较要好的人请来与父亲一起生活。可见他是一个孝子而不是一个无赖，不是置父亲生死于不顾的小人。当初问项羽要一杯由刘太公做成的羹喝只是一种战争策略罢了，一种在绝境中逃生的计谋，并不是真心就想父亲被杀死。刘邦之所以用这个计谋而脸上还没有任何的悲痛之情，是因为他心中拿准了项羽这个人，对他的性格有很深的了解，以他的认识项羽是不可能杀死他的父亲的。可是世人并不了解刘邦的这一个高明的计谋，都以他不懂得爱惜自己的父亲而向他吐口水。李宗吾在《厚黑学》中评价刘邦的形象时也是很看重刘邦要吃用他父亲做成的粥这一事件的，这给刘邦打上了严重的形象烙印，陷刘邦于一个不孝之子的地步。可是既然是一个不孝之子为什么在他做了皇帝之后却要下令以孝义治理天下，并以自己的作为来孝顺起自己的父亲呢？或许这里面掺杂了刘邦的一些个人因素，比如是治理天下的需要，但我们不能说他的行动里没有一丝孝心存在，至少他的思想走的很远，他的眼光很开阔，他的行动很值得我们现代企业思考。

【典故回放】

刘邦和父亲刘太公在一起住，为了向大家表示他的孝顺，他就每五天去拜见一次。太公觉得没有什么，因为刘邦是他的儿子。但是太公的属官却觉得不合适，就劝他说："俗话说，天无二日，地无二主，当今皇帝是您的儿子，但他也是人主。您虽然是他的父亲，但也是他的大臣。让他这个主人来拜见你这个大臣，不合礼仪。况且这样也显不出皇帝的威严。"刘太公觉得属官言之有理。

等刘邦再拜见父亲时，刘太公就提前拿着扫帚出门相迎，然后倒退着进屋，不给刘邦行礼的机会。刘邦很吃惊，不知道父亲为什么会这样，于是跳下车去搀扶父亲。太公赶忙说："皇帝贵为人主，不能因为我一个人破坏了国家的礼法。"刘邦便下诏书，尊太公为太上皇，这样一举两得，不但明示了皇帝的尊严，他也可以顺理成章地拜见父亲了。

太上皇在皇宫生活的久了就终日闷闷不乐，刘邦忐忑不安，私下问太上皇侍从。侍从回答说："太上皇以前在家乡丰县城生活时每天都和邻居亲朋在一起以踢球、斗鸡、喝酒为乐，现在没有人能陪太上皇，因此才闷闷不乐。"于是刘邦在皇宫附近为父亲盖起一座新丰城，又将丰县部分亲朋邻居迁来居住。新丰城街巷布局跟家乡丰县城一模一样，连迁来的相邻老幼和鸡犬都能认得各自的居所。刘邦的父亲这才觉得有了家乡的气息，人也就精神起来了。

【小中见大】

在经历了春秋和战国长期的混乱之后，又经历了短暂的秦朝统治，再加上秦末战争，这使得人们心中没有忠君的观念，还保持着战国以来就形成的"士无常君，国无定臣"的思想，这不利于皇权的巩固。刘邦通过尊重父亲来教育大臣和百姓遵循礼法，尊重长辈，效忠君主。这种思想境界是一般人所不能达到的高度。从刘邦在位以前的朝代来看，虽然也有过很多孝敬父母的人物，比如虞舜，东周时期的老莱子等。他们都有很高的孝义，舜不顾及父亲、继母和弟弟对他的迫害，还是很恭敬地对待他们，终于感动了天地。还有秦始皇也很孝敬他的母亲，虽然嫪毐事件的爆发给他带来了很大的屈辱，对自己的母亲也有一点过分——囚禁，但是最后听了劝告把母亲又从冷宫接回来亲自奉养。不管在刘邦之前的朝代有过多少的孝子故事，我们都不能把他和刘邦所做的贡献相比。

刘邦： 最厚黑的草根企业家

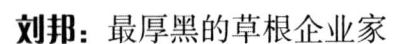

刘邦的孝道是一个大方面的，他是想通过孝这个做法来带动企业的发展与稳定的。而前期的那些人，他们仅仅是在为自己的父母尽孝，并没有考虑到要对社会产生什么影响。所以说，刘邦是要从一个理念上来引领大家走进一个新时代，刘邦被称为"跟随时代进步的智者"不是没有道理的。现代企业应该学习刘邦的先进理念，应该用一种理念来引领大家越来越团结，越来越觉得为企业服务是一种责任。如果大家都有了一个新的认识，都有了对企业的责任感，那么接下来企业的超速发展将不是不可能的。

第八章

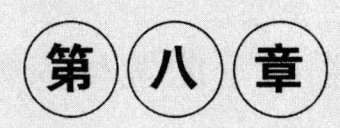

谁为"草根"企业买单

任何事物,当繁荣昌盛过后必然是凄凉的结局,刘邦成就了中国历史上"十二个第一"的辉煌,然而终究难逃王者的悲剧。其实,刘邦马背打江山的曲折一生,恰是一个企业由创立到稳步到昌盛再到滑落的一个过程。现代的企业创建者若能够读懂刘邦的一生,读懂其用人之道和最后悲剧的发生原委,便会让企业充满新鲜的血液,生命力也会更加的强盛。

刘邦：最厚黑的草根企业家

1. 誓诛异姓王，千朋散尽为哪般

当一个人的权利越大的时候，他的疑心就会越重，所谓高处不胜寒正是这个道理。站在高处的人时刻会提防着自己的位置被别人抢去，这种人往往会觉得自己的知心朋友越来越少，因此心中总会有所担忧，这是一种正常人都会有的顾虑。

刘邦晚年时害怕自己的皇位会落到别人的手里，他从做沛公到晚年，一生都在打仗。在这一生中，他的心思到晚年显得越发的沉重，他知道这是因为皇位的压力带给他的。对于一个好职业来说既有权又有钱，还有那么多的人听从你的号令，这是任何人都会垂涎欲滴的事业。因此，聪明的刘邦很担心那些有能力的人和他争着走这座独木桥。比如韩信是他最大的担忧，从韩信跟刘邦起，刘邦就发现了他的作战才能，与项羽以及几个诸侯国叛乱的每场大战中，韩信几乎很少输过。他的作战才能仿佛一到了战场就如鱼得水，打的轻松自如，就算是收了他一次兵权，他也以一些乌合之众打败了几支重大的军队。另外的几个异姓王，比如英布、彭越等都是一些英勇善战能文能武的人，这些人都是刘邦心中的毒瘤，如果不把他们摘除，后患是无穷的。为了保住自己企业建立者的地位，刘邦开始以各种各样的理由铲除那些曾经和他惺惺相惜的朋友兼臣子。韩信是首当其冲的一个，而彭越则是第二个。

【典故回放】

自从韩信被废为淮阴侯，以及汉王信投奔匈奴后，梁王彭越也开始有了一点的担忧。但由于刘邦给他的待遇还不错，目前也没有什么大的动静，因此彭越没有丝毫的背叛之心。

公元前197年，刘邦因太上皇病逝，因此招陈豨进见。陈豨托病不去，9月与王黄等人反叛。高祖在公元前196年积极向各诸侯王联络，希望能够帮助他铲除这个叛徒。但是除了儿子刘肥和曹参响应外，其他的人都没有任何举动。刘邦去找彭越。彭越以年老多病为借口，只派了部将率兵前往邯郸会师。然而刘邦对彭越是寄予希望的，见他如此作为，甚是生气，于是就派使者前去梁王府埋怨了一番。

彭越开始担心刘邦怀疑其忠诚度，想上京去谢罪。但是他的部将扈辄说："大王当初不去，被他责备了才去，去了就会被捕，不如就此出兵造反。"彭越不听从他发兵造反的意见，仍然说有病。这时候彭越由于某些小事对他的太仆很恼火，打算杀掉他。太仆慌忙逃到汉高帝那儿，控告彭越和扈辄阴谋反叛。于是皇上派使臣出其不意地袭击彭越，彭越不曾察觉。刘邦逮捕了彭越，把他囚禁在洛阳。经主管官吏审理，认为他谋反的罪证具备，请求皇上依法判处。皇上赦免了他，废为平民百姓，流放到蜀地青衣县。彭越向西走到郑县，正赶上吕后从长安来，打算前往洛阳。彭越对着吕后哭泣，分辩自己没有罪行，希望能回到故乡昌邑。吕后答应下来，和他一块向东去洛阳。吕后向皇上陈述说："彭越是豪壮而勇敢的人，如今把他流放蜀地，这是给自己留下祸患，不如杀掉他。所以，我带着他一起回来了。"于是，吕后就让彭越的门客告他再次阴谋造反。廷尉王恬开呈报请诛灭彭越家族，皇上批准，于是诛杀了彭越，灭其家族，封国被废除。彭越死后，属臣栾布被吕后施以醢刑（即把人剁成肉馅，做成肉酱），并被分赐给各路诸侯品尝，以此来震慑其余诸侯等人。

刘邦：最厚黑的草根企业家

【小中见大】

刘邦对曾经帮助他打天下的好朋友最后所采取的诛杀措施，让看史书的人都会觉得刘邦是一个很狠毒的人。刘邦当然也并不是一个完美的人，他的疑心太重，完全没有想到有的人并不是不可利用的，像彭越本身是一个人才，也没有什么野心。他自己都说了只要给他一个养老的地方就满足了，对于他是完全可以长久利用的。然而，异姓王会给自己带来危害的思想一直存留在刘邦的心上，以至于他在年老的时候还念念不忘他刘家的大权。

作为企业的领导来说，具有一种超前的危机感是必须的，但是这种危机敏感性不能太过于重，正如物极必反这个道理一样，凡事做的程度太过的话就会导致一些不必要的麻烦，也会让自己失去很多东西。

2. 远见卓识，空留遗憾

人的一生中总会有或多或少的遗憾，这些遗憾在我们生活中随处可见，大的小的，一些遗憾或许在有生之年就可以还愿，然而有些遗憾让人至死都没有办法弥补。生活就是这样子的，我们总会在成长中发现哪一些是我们需要的，哪一些是我们曾经做错的却又不能改变的，又有哪一些是我们曾经失去机会做的至今还没有实现的，我们在寻寻觅觅中发现自我，实现自我。

个人的遗憾可以影响到一个人一生的心情，但对于社会来说并没有任何大的影响。而企业的遗憾则会影响到很多方面，比如你错失一个签约的时机，则可能给自己的企业减少上百万元的收益；比如你错失了一个值得信赖的领导型

人才，则可能让自己的企业少一个成长的得力助手，失去的不仅仅是金钱上的损失更是企业发展的加速度。因为人才是一个企业充满活力的动力，是企业前进的新鲜血液。

作为西汉集团的最高领导者，刘邦也有一个很大的遗憾，那就是在有生之年看不到西汉完完全全的和平之景。直到他死的时候还遗憾自己没有把异姓王彻底地扫除干净，虽然他很有能力，怎乃身体状况不允许他再多走一步路，每日里只能靠药物来维持一点精神。不管他是怎么留有遗憾，刘邦还是很理智的，他清楚自己的生死是由天决定的不是自己所能掌控的，因此心里对死并没有恐惧。唯一在意的就是他的遗憾恐怕再也难以弥补，他的卓越才智恐怕再难发挥得淋漓尽致。

【典故回放】

为了皇权的巩固，刘邦费尽心机。本来他年龄就大，在平定英布叛乱时又中了箭伤，到了长安病情加重。吕后找来名医，刘邦问他病情，医生说能治。刘邦一听口气，就知道不会好了，气得大骂医生："以布衣提三尺剑取天下，此非天命乎？命乃在天，虽扁鹊何益！"说完赏赐给医生五十金打发他走了。

吕后看着弥留中的刘邦，知道他的命不长了，于是就问他死后人事的安排："萧相国死后，由谁来接替呢？"刘邦说曹参。吕后问曹参之后是谁，刘邦说："王陵可以在曹参之后接任，但王陵智谋不足，可以由陈平辅佐。陈平虽然有智谋，但不能决断大事。周勃虽然不擅言谈，但为人忠厚，日后安定刘氏江山肯定是他，用他做太尉吧。"吕后又追问以后怎么办，刘邦有气无力地说："那时候你也该死了，以后的事你不会知道了。"

刘邦死于公元前195年，即高祖十二年的四月二十五日。死时62岁（虚岁），葬于长陵，谥号为高皇帝，庙号是高祖，一般都称为汉高祖刘邦。

刘邦： 最厚黑的草根企业家

【小中见大】

刘邦终其一生没有留下没当上皇帝的遗憾，然而却留下了大汉天下最后不能由自己治理的遗愿。他并不惧怕死亡，却害怕别人来抢走他所取得的劳动成果，害怕自己所疼爱的母子受到吕雉的迫害。他深知吕雉是他一生中最忌惮的女子，因此他的结局既带了企业未来的领导权不能一直握在自己手中的遗憾，也带了一些儿女情长的遗憾。刘邦对吕后的一番交代，体现了汉高祖的远见卓识，体现了他高超的领导才能。

对于一个企业来说，最大的遗憾就是没有一个合格的领导者。这个领导者需要具备一个远大的志向，具有开阔的视野和博大的胸怀，还要有一双辨别人才的慧眼，同时要忠于企业等条件。

3. 时过境迁，王者留下了什么

刘邦是中国第一位由平民坐上皇位的人，他既没有足够多的军事谋略才能，也没有带兵打仗的勇猛气魄，有的只是一个混混常用的无赖手段和聪明小智慧及一副贵人相的空皮囊。然而就是这样看起来平平庸庸的人坐上了皇位，是他的运气使然还是另有他说呢？

说起刘邦的智慧，我们不得不佩服他其中的一点，即用人但不被人用，也就是说刘邦可以让人走进他的圈子里，让其他人为自己拼命效劳，但自己却保持着清醒的头脑。我用你，可以用物质、用精神鼓励的方法回报你，但是让我把心完全地交给你那是绝对不可能的，这一点智慧成就了他做王而不是比他更有能力的人做王。

刘邦对于那些有才能的人自始至终都没有完完全全地相信过，譬如在他与韩信的交往中对韩信充满了关爱之情，但仅仅是为了暂时借用这个人才而已，他喜欢的是他的军事才能而不是他本人。当时，韩信被人称为"功高无二，世无二处"，而韩信则对刘邦由最初的不满意到最后的死心踏地跟随，以至于后期的时候刘邦对他有所行动他都没有任何的反应。为什么韩信能跟随刘邦呢？因为韩信是一个知恩图报的人，他这个人过于看重感情和恩情。我们知道韩信有了官爵有了地位之后，立即找到当年给他饭吃，给他水喝的漂母并赏赐她千金，恭敬地奉养她，而对于曾经和他是好友的亭长只给了他一百金，因为他不懂得珍惜朋友之情，听信妇人之言。同样，刘邦也在韩信困难的时候给了他一个封官，给了他衣服穿，食物吃，因此韩信发誓要对刘邦忠诚到底。韩信是一个没有多少心眼的人，用兵上可以说是战神，可是在与人思想上斗争时却少了一个警惕和质疑的心思。因此，他即使有再多的军事才能，没有人际处理能力也还是只能做刘邦手中的一枚棋子。而刘邦则不同恰恰是一个善于驾驭权力和人才的政治家，他的手段可谓是"杀人不见血"的高明。咱们来看看他是如何让一个个比他能力强的人对他甘心称臣的吧！

【典故回放】

项羽大势将去之时派人去试图说服韩信，结果失败而回，这时候蒯通站了出来，以相人之术来劝韩信自立为王。

韩信说道："汉王待我算是非常的仁厚了，常常用他的车让我乘坐，把他的衣服拿给我穿，把他的食物分给我吃。我听说，乘人之车者，便需负载他人之祸患；穿着人家给的衣服，便应心怀他人之忧；食用他人之食禄者，便应为他人而效死。我怎能因为自己的利益而背叛公义呢？"

蒯通又说道："大王，你以为自己和汉王的交情很深吗？是可以共同建立

刘邦：最厚黑的草根企业家

起万事之基业吗？我认为这是一个错误的想法。举个例子来说吧！常山王和成安君在做百姓的时候，曾经发誓做至交好友。刎颈之交，交情是够好的吧？但是由于怀疑张黡、陈泽被杀害之事，两个人最终成为了仇人。后来常山王背叛项王，把楚将项婴的头颅拿给了汉王刘邦。汉王也发兵东下，在泜水之南打败成安君的军队，当场杀害成安君。至交反目成仇，常山王和成安君早年的感情成为了天下人的笑柄，这是为什么呢？就是因为当人们一遇到大的利害的时候，人心往往就变得难以预测。如今汉王和君王之间的交情还不如常山王和成安君，但是所面临的利害关系却比陈泽、张黡之事要严重的多。所以不要认为汉王不会加害于你啊！"

"越过的大夫文种和军师范蠡也是一个很好的例子，他们在国家危难的时候帮助越王勾践度过了危险期，并使越王勾践称霸于天下。然而，越王立功成名之后，文种身亡，范蠡出走。野兽灭亡了，猎狗也就没有什么作用了，就会被主人烹杀，这种现实是非常残酷的。况且你的交情还不如陈余和刘邦的交情，汉王也不认为你对他的忠心度有张耳对他的忠心度高呢。所以我认为这些人的命运就是你的榜样。大王就好好想一想吧，我也听说过，勇气和谋略高于自己主人的人必危其身，功劳胜过天下人的往往得不到奖赏。"

韩信虽然理解蒯通的一片心意，但是自己没有想过要独当一面，自立为王，一时也不知道自己怎么办才好。于是对蒯通说道："先生你先退下吧，我好好想一想啊！"

过了几天，蒯通又来拜见韩信，见他还是犹豫不决的样子，于是就又一次敲了警钟："能听进去别人意见的人才可以吸收旁观者清的好处，体察出事情的症候。肯用心做计划的人才能够把握住事情的关键，才能坚持自己的意见，不能未雨绸缪的人往往不能得到长期的稳定。把事情看得透的人要善于决断，犹疑不决者，肯定会遭到祸害，也会丧失掌握天下的最佳机会，很多有智慧的人虽然能够明白事理但是行动上却跟不上，这就是产生百祸的根源。"

韩信听了这番话并没有所动，而是想到自己之所以有了今天就是因为刘邦

在提拔自己，实在是没有理由背叛。想一想自己的功劳这么大，封一个齐王也没有什么的，最终韩信谢绝了蒯通的建议。

蒯通看到韩信如此的倔强，没有一点为自己立场做打算的样子，料到他不会有一个好下场。自己又奉劝过韩信独立，更将遭受灾难，于是装着发疯的样子逃跑了。

【小中见大】

蒯通劝解韩信的话句句都说出了韩信未来所面临的局势，也分析出了韩信的缺点和刘邦做人的原则。即拉你来垫背，等到用完了如果你对他的影响太大那么你就没有什么好下场的，假若你是和他一个姓或许还能有一个小小的未来。

刘邦是一个大智慧的人，他深知自己作为一个王所必备的条件，如果自己没有一点防备心那么早晚自己的企业都会被别人抢走。他利用自己通晓人心最善良的那一面来把有才之人收到自己的手下使用，他给予他们衣服食物，生活上是无微不至，实际上则是收买了他们的人心，但是刘邦却以一个清醒的意识维持着自己的大局观。刘邦善于顺势而动，他看准了时局，找到了每一个人所需要的东西，于是就利用他们所求的去顺从，从而达到别人愿意跟随自己的目的。

作为一个企业领导就应该有这种居安思危的意识。虽然有时候一些功臣对自己的帮助很大，但正是这些功劳大的人往往会有自负的心理也会有一些野心，对企业未来的发展有很严重的阻碍。领导所要做的就是清除这些障碍，当然并不是说要像刘邦一样去斩杀功臣，而是要懂得如何平抚这些功臣急躁的心，让他们明白忠于企业，和企业一起发展。企业是一个小社会，矛盾是时刻存在的，处理好了这些关系，企业才会心往一处使，劲往一处拧。

刘邦：最厚黑的草根企业家

4. 后刘邦时代，沙滩上的楼阁

我们知道如果在沙滩上建造起一栋楼房，是一件很难的事情，因为沙滩不是一个建造高楼大厦的好地方。沙滩上景色是很迷人，然而住在这样的地方危险也就加大许多，首先有潮水会冲击沙滩，造成沙滩表层的沙子量上不均匀的布局；另外海风刮来的时候，沙滩上的建筑物也是首当其冲的物品。因此，我们可以得出沙滩上的楼阁寿命要比平地上建立起来的房子短命得多。有没有可以使沙滩上的高楼大厦延长寿命的做法呢？有，那就是把地基打的非常深，并且要用特别好的建筑材料来建筑，偷工减料的建筑是经不起大风大浪颠簸的。

秦始皇驾崩之后，胡亥接了皇位，他是一个没有任何实际经验的无道之主，听从奸臣的谎言，每天以吃喝玩乐为主。秦始皇留下的企业还尚存一点生机，假若胡亥能够励精图治，他的命也不会被别人掌控，也不仅仅只有20多岁么短。秦始皇的企业本身就建造的有点违规违章，很不得民心，秦二世呢，更把这个企业往风口浪尖上推进了一步。于是，他在没有任何基础上就把企业给葬送了。

刘邦的皇后吕雉是一个很有心计的女人，她实际上就是一个女强人，非要做一番事业给天下人看看。于是，她第一个撕毁了白马盟誓的协议，一步一步地陷害刘邦的亲信，一步一步地将权力集中到自己的手中。刘邦是靠大度与智慧打的天下，建立起的企业。吕后虽然也经历了一番风风雨雨，但毕竟她还是没有刘邦所经历的多。因此，吕后在谋略上还是差了刘邦一大截。吕后掌管企业所使用的手段全都是不得人心的，以至于我们现在的人都骂她是一个心狠手

辣的毒婆子。她的权欲很强大，实现欲望的手段更加强势。吕后用残忍的手段得到天下后，之所以没有能够让吕氏的专权长期地延续下去，有一个很重要的原因，那就是她破坏了汉朝的根本体制，侵害了刘氏集团的整体利益，以至于后来内讧不断，最终导致了吕氏集团短命而去。

当然，吕氏集团并不是没有功劳的，吕后虽然在夺权上采用的手段让人发指，然而，在对待老百姓上还是很友善的。她主张采用黄老之道治国，《史记·吕后本纪》记载吕后当政后国家的情况："政不出户，天下晏然；刑罚罕用，罪人是希；民务稼穑，衣食滋殖。"可见，司马迁给吕后很高的评价。然而，吕后的政权毕竟是建立在沙滩上的，也就是说是没有多少基础的，仅凭借当年为刘邦付出的心血而受到几个人的尊敬是远远不够的。刘氏的天下已经有了很深的基础，是很难让别人得到的，即使吕后再怎么"改头换面"，她都不能将权力最终交给吕氏家族。

【典故回放】

刘邦死后不久，吕雉把戚夫人抓起来，先当佣人使用。后来，吕后让人剃光戚夫人的头发，用锁囚犯的铁链锁住她的双脚；又给她穿了一身破烂的囚衣，关在一间阴暗潮湿破烂的屋子里，让她一天到晚舂米，舂不到一定数量的米，就不给饭吃。接着，吕后又把戚姬的儿子赵王如意从封地上召到京城里来，准备杀害他。

汉惠帝听说母亲把如意召来，就知道吕后想要对如意弟弟下毒手。他赶紧派人把如意接到皇宫里，吃饭睡觉都跟他待在一起。两人从小待在一起玩耍，惠帝对这个弟弟非常疼爱，所以就尽自己最大的力量保护他。吕后气得咬牙切齿，有好几个月都没有机会对如意下手。有一天，汉惠帝清早起来出去打猎，如意由于睡懒觉，没起来跟着去。吕后终于找到了可乘之机，就派人送去毒酒，把如意给害死了。汉惠帝打猎回来一看，如意口中、鼻子全部流血，变成

刘邦：最厚黑的草根企业家

了一具直挺挺的僵尸。如意刚死，哪知余哀未了，又起惊慌。忽有宫监奉太后命，来引惠帝，去看"人彘"。惠帝从未闻有"人彘"的名目，心中甚是稀罕，便随后跟着太监，出宫前去观看。宫监曲曲折折，引导他走进永巷，进入一间厕所中，开了厕门，指示惠帝道："厕内就是'人彘'。"惠帝向厕内一望，只见是一个人身，既无两手，又无两足，眼内又无眼珠，只剩了两个血肉模糊的窟窿，那身子还稍能活动，一张嘴开得甚大，却不闻有什么声音。惠帝看了一眼，又惊又怕，不由地缩转身躯，询问宫监，那是什么东西？宫监不敢明说。直到惠帝回宫，硬要宫监直说。宫监方说出"戚夫人"三字。一句话没说完，几乎把汉惠帝吓得晕倒，勉强定了神，想要问仔细。等宫监附耳说是戚夫人手足被砍断，眼珠挖出，两只耳朵熏聋，哑药灌入喉中，命人把她投入厕所中，折磨至死。惠帝不待说完，又急问宫监"人彘"的名义，宫监道："这是太后所命，宫奴却也不解。"惠帝不禁失声道："人彘之事，非人所为，戚夫人随侍先帝有年，如何使她如此惨苦？臣为太后子，终不能治天下！"他回去后大病一场，一年多卧床不起，从此日夜饮酒作乐，不久死去。

【小中见大】

吕后对待情敌戚妍的恨可以说是世上绝无仅有的，吕后的形象在国际上也因此大打了一下折扣。但是我们又不能不佩服吕后的魄力，身为一个女人，她用最短的时间消除了异己，增长了自己的实力，不得不说她是一个女中豪杰。可是，作为现代的企业来说，我们从吕后身上学习的不仅仅是她的魄力，更重要的是要学习吕氏天下为什么没有长久下去的原因，吸取她失败的教训，走好自己企业的发展之路。

综观吕后夺权的整个过程，我们可以得出五个字：最毒妇人心。她像刘邦一样想让自己的家族长久地把皇位延伸下去，因此一直在为自己的家族考虑，而不曾站在大局的方面看待问题。刘邦是打天下的人，他在征战中用个人魅力为自己挣得了很多的有力助手，这些助手即使在他归天之后还对他忠心不二。而吕后则是盗取了刘邦的胜利果实，因此，她没有看到果实下面真正的根基是谁种下的。这就是吕氏不能长久掌握权力的最终原因。因此，企业领导要明白一个道理，那就是不要做无谓的牺牲，也不要为了权力的争夺而违背了集团根本的利益。

5. 对决中，谁迷失了战略的双眼

今天，我们的企业不乏优秀的领导，也不乏精妙的经营战略，然而，总还是会有一些不如意的事情发生，结果差强人意。为什么会有这种状况出现呢？不是领导没有能力去执行，也不是战略制定的不好，而是因为领导往往在执行战略的时候迷失了自己的双眼。

经营战略就是指企业为谋求生存和长远发展以及为了适应市场环境而对竞争对手做出的全局性、长远性的规划。一旦领导在战略经营上走入了误区，则会对企业的全局发展产生重大的影响，甚至是致命的打击。因此企业应当经常自我检查，以免误入歧途。我们从秦始皇经营的过程中看到他在一些事件上的错误认识，以至于偌大的天下葬送在自己的手中。秦始皇当初做了一个震惊天下的大事——焚书坑儒，当他对书籍和儒生进行残忍的迫害时，他最忠厚的儿子扶苏站了出来对父亲说道："天下需要一些先进的思想来辅助您的统治，请您饶恕这些人吧！"秦始皇根本就听不进儿子的话，相反认为扶苏会干扰他的工作，阻碍他政令的推行，于是听信李斯等人的建议一下子就把他发配到边疆去了。直到他在巡游的路上一下子病重起不来了，才想起自己还没有立遗嘱，

刘邦：最厚黑的草根企业家

心中想了很多，才觉得不应该把自己最有用的儿子派遣到那么远的地方去。秦始皇心中很后悔，想立即召见儿子，于是就让人传召扶苏。然而他只做了口头的传令，没有用笔记录下来，又或者这个谕令被小人给偷偷地销毁了。总之，在秦始皇的弥留之际，他的江山也走到了尽头。从秦始皇在儿子的决策上我们看到了他的经营决策对自己的影响，如果当初他能够听进去儿子扶苏的话，哪怕只听进去一点点就不会有如此下场；假如他没有发配儿子去边远地区，他的遗嘱就不会被小人篡改，就不会让自己的江山那么快分崩离析。

刘邦在与项羽的长期征战中实际上就是一个战略的争霸，刘邦的战略很灵活，总会随形势的变化而变化，能够听取各方人士的进谏，然后综合起来用最实用的方法和技巧。而项羽在战略上不懂得及时改变，总是凭借自以为强大的军队来和对手抗争，这就导致了他战略上总会走进一个死胡同，不能随着形势而变化。

【典故回放】

曹咎，楚汉时期项羽手下大臣，虽然能力不强，但因为对项氏的绝对忠诚而被项羽重用，官至大司马，封海春侯。公元前203年10月，项羽在成皋与驻军黄河北岸的刘邦对峙，楚军因被汉军阻拒巩县而无法向西进攻，汉军也难以攻下成皋。这时，刘邦派遣卢绾、刘贾率领两万多人度过白马津协助彭越袭击楚军的后方梁地，攻下十多座城池。梁地连接楚腹地与楚军前线，一被攻下，楚军的补给线被切断。因此项羽被迫率领军队向东进攻彭越，委任曹咎守成皋，钟离眜守荥阳，临行前还对曹咎说："你要谨慎地守住成皋，如果汉军挑战，切忌不要与他们大战，毋令得东而已，我十五日一定会打败彭越，夺回梁地，再回来与将军汇合"。项羽走后，曹咎遵照项羽的命令坚守不出。

刘邦得知后，看硬攻不行，心中也有点着急了。这时候有谋士建议道："曹咎性格暴烈，容易被人激怒，咱们不妨改变战略，辱骂他让他出城作战。"

刘邦心中一亮，就下令在成皋城边设台，每日在台上骂喊羞辱楚军，一连骂了三四天。曹咎也沉不住气了，牙根咬得狠狠的，想要立即出心中的恶气。这时候有谋士上前劝道："项王走的时候交代过将军，你的任务就是拖住汉军，等他回来，将军千万不要冲动用事，一定要沉住气啊，否则大势将去。"曹咎就暂时忍了下来。不料，汉军仍旧骂个不停，而且言语粗俗不堪入耳："曹咎小子，你个缩头乌龟，怎么不敢出来打啊？"

曹咎终于忍不住了："老子偏要出城，偏要出这口恶气，开城门，迎战汉军。"于是率军出战，渡汜水，渡到一半时汉军出击，楚军大败，成皋失陷，楚国大量物资被夺取。曹咎自知将命丧于此，又愧见项羽，于是在河边和塞王司马欣一起自刎而死。

【小中见大】

从中我们可以看到刘邦在战略上是随着形势而变的，当他看到曹咎闭城不出的时候，他没再坐以待毙，反而及时了解到曹咎的性格改变了攻城的策略，为自己与项羽的争霸画上了重要的一笔。而曹咎则在战略的执行上犯了一个严重的错误，战略的执行是一个艰难的过程，有太多的干扰因素与可变因素，在这些因素面前应对的最好办法就是冷静、沉着，而不是凭借领导的一时头脑发热冲动做事。项羽是这项经营战略的制定者，他在选择执行人的时候也没有考虑全面。他虽然叮嘱曹咎不要贸然出城，然而却没有考虑到一个人的秉性是很难改变的。曹咎的脾气在一时半会儿没有那么容易改变，假如让司马欣做成皋的守城人或许会有另外一个结局。

作为企业的领导人最重要的是要学会分析竞争战场，包括竞争环境分析，对手实力状况分析，自身情况分析以及其他干扰因素的分析。分析要尽量客观地去做，有的人把分析重点放在竞争市场和环境上，其实这是一个误区。知道别人的优势和缺点固然是很重要，然而了解自己的弱点也是关键性的因素。在

刘邦：最厚黑的草根企业家

典故中曹咎就是对自己的弱点了解得不够透彻，他不能改掉自己的脾气以至于对项羽制定的策略做了改动，酿成大错。

6. "解禁"自己，让胜利更近一步

成功的人是不惧怕自己犯错误的，反而是那些渴望成功但却又担心自己犯错误的人往往是以失败告终的。一个想要成功的人最重要的就是能够让自己的心平静下来，接受自己的不足，寻找弥补自己不足的方法和手段。

在历史的长河中，我们往往会看到有那么一些人由于对自己认识不清而导致了失败，也有那么一些人由于及时改正了自己的观点而走向了成功。在刘邦与项羽的格斗中，我们看到了这样的一个正反对比。刘邦善于及时改正自己的不足之处，听取他人的建议而最终一步步走向成功。而项羽则听不进去任何人的建议，连对自己最忠诚的亚父都不能留住，可见其刚愎自用的程度。

【典故回放】

汉高帝七年，韩王信叛汉，汉高帝亲自讨伐他。到达晋阳时，得知韩王信与匈奴勾结要共同进攻汉朝的消息，刘邦大为震怒，就派使臣出使匈奴摸清底细。匈奴把他们强壮能战的士兵和肥壮的牛马都藏了起来，只显露出年老弱小的士兵和瘦弱的牲畜。派去的使臣十余批回来，都说匈奴可以攻击。

刘邦为了最终确认情况，于是就又派刘敬再去出使匈奴。刘敬回来报告说："两国交兵，这时该炫耀显示自己的长处才是。现在我去那里，只看到瘦

弱的牲畜和老弱的士兵，这一定是对方故意显露自己的短处，而埋伏奇兵来争取胜利。我以为匈奴是不能攻打的。"这时汉朝军队已经越过了句注山，20万大军已经出征。皇帝听了刘敬的话非常恼怒，骂刘敬道："齐国孬种！凭着两片嘴捞得官做，现在竟敢胡言乱语阻碍我的大军。"就用镣铐把刘敬拘禁起来押在广武县。刘邦率军前往征匈奴。到了平城，匈奴果然出奇兵，高帝围困在白登山上，被围困了七天后听从了陈平的计谋才得以解围。高帝回到广武县，便赦免了刘敬，对刘敬说："我不听您的意见，因而在平城遭到围困。我已经把前面那十来批出使匈奴说匈奴可以攻打的人都斩首了。"同时赏赐刘敬食邑二千户，封为关内侯，称作建信侯。

【小中见大】

刘邦由于认为自己的力量已经足够强大了，是可以不把匈奴放在眼里的，于是对刘敬出使情况的汇报很是不满，执意派兵攻打匈奴，结果没有正确地预测到匈奴的实力和自己的取胜几率，出现了白登之围的窘况。不过，刘邦并不是一个不明是非的人，他没有在乎自己的面子。在脱离围困之后，他很真诚地向刘敬道歉还封给他官职和食邑，这种做法让人赞叹。

从刘邦的行为上我们可以看到其伟大的地方，他无论自己是对还是错都没有要维护自己形象和尊严的思想，反而是解禁了那些所谓统治者思想上的"维权"意识，及时地向手下人道歉并封赏。作为现代企业的领导人，我们也应该以大局为重，不要为了维护自己的形象而在错误面前不愿意低下头，反而去寻找理由遮盖自己的不足，这样无疑是自欺欺人，也不会有什么发展前景。你承认自己的错误并改正，不仅仅让员工更加尊敬你、爱戴你，喜欢为你做事，而且还可以让自己离成功更近一步。

刘邦：最厚黑的草根企业家

7. 两大集团，谁才是真正的霸主

企业的强大是需要看最终的结局，通过两个集团在市场上的种种表现来预示他们今后的成功与否。有人说两大集团在一起竞争的时候只有勇者才会胜利。是的，勇气、胆量是一个企业不可或缺的东西，每一个成功的企业必须要具备勇气和胆量，然而并不是只有有了勇气才会获得最终的战果。过去在战场上我们可以把勇气和胆量看做是打胜仗的基础。而现在更多的还是要靠智谋，所谓的有勇无谋正是企业的一个弱点。

勇和谋并不是一个复杂的个体，而是有所区分的，你勇敢但并不代表你足智多谋，你足智多谋但也不代表你是一个很有勇气的人。因此，我们不能把这两者简单地和成功联系在一起，既要多智多谋又要勇气胆量。我们知道，每个人都是一个被上帝咬了一口的苹果，都不再完美，因此有时候成功是需要借助于外力的，借助于那些高于你某一方面才能的人，让他们弥补你的不足，帮助你打一个胜仗。这些人只有你真心地对待了他们才会忠诚地为你服务。因此说，学会借助外力，懂得如何对待可以帮助你的外力才是一个真正领导团队的人。

刘邦和项羽都是有志向的人，都说出要打下秦朝天下的愿望。他们的相同点也有很多，比如都有仁义的一面，都有胆量，同行竞争却是靠不同点来取得竞争的优势。刘邦与项羽的不同之处就是他懂得善于借助于外力，他其实文化不高，没有多高的素质，也没有多少上战场的真本事。然而他的胸怀却大如海能够容纳百川，因此给自己凝聚了足够强大的打败对手的力量。而对手就不行

了，仗着自己的出身和天生的一副慑人的表情，觉得自己是可以做万人敌的将才，因此在用人上没有了一点的胸怀，总认为自己才是最完美的，自己才是最有智慧的人，结果很惨。本来是占据优势的项羽，只需收敛一下自己的个性就可以打败竞争对手刘邦集团的，可是他没有运用正确的战术和策略，又不愿意低下高贵的头颅，因此他被一个名不经传的小企业打下了。

刘邦和项羽两个集团的竞争就像是乌龟和兔子的跑步比赛，项羽就是那只骄傲的兔子。由于兔子的骄傲，他失去了最终胜利的机会。刘邦是那只乌龟，虽然起步很慢，但最终还是靠着自己谦虚的态度，一步步地强大起来，一步步地打败了那只骄傲的兔子。

【典故回放】

韩信拜将后，刘邦问韩信有何定国安邦的良策。韩信问："同您东向而争天下的不是项羽吗？那大王自己估计一下，论兵力的英勇、强悍、精良，同项羽比谁高谁下？"刘邦沉默良久，认为不如项王。韩信再拜，赞同地说："不仅大王，就连我也觉得您不如项王。可是我曾经待奉过项王，请让我谈谈项王的为人。项王一声怒喝，千人会吓的胆战腿软，可是他不能放手任用贤将，这只算是匹夫之勇，也是他最大的弱点。他主见很强，无法任用有才能的人。项王待人恭敬慈爱，语言温和，人有疾病，同情落泪，把自己的饮食分给他们。可是等到部下有功应当封爵时，他把官印的棱角都磨光滑了也舍不得给人家，这是妇人之仁。"

"项王虽然独霸天下而使诸侯称臣，可是却不居关中而上据彭城，又违背义帝的约定，把自己的亲信和偏爱的人封为王，诸侯对此忿忿不平。诸侯见项王驱逐义帝于江南，也都回去驱逐他们原来的君王而自立为王了。凡是项羽军队经过的地方，无不遭蹂躏残害，所以天下人怨恨他，百姓只是在他的淫威下勉强屈服。名义上虽为天下的领袖，实质上已失去民心，所以他的强大会很快

刘邦：最厚黑的草根企业家

变成衰弱！现在大王如能反其道而行之，任用天下武勇之人，何愁敌人不被诛灭！把天下的土地分封给功臣，何愁他们不臣服！率领英勇的一心想打回老家去的士兵，何愁敌人不被打散！况且三秦的封王章邯、董翳、司马欣本为秦将，率领秦国弟子已有数年，战死和逃亡的人不计其数，可他们欺骗部下和将领投降了项羽。在新安，项羽用欺诈的手段坑杀秦降军20余万人，唯独章邯、董翳、司马欣得脱，秦人对这三人恨之入骨。现在项羽以武力强封这三人为王，秦国百姓都不拥戴他们。您入武关时，秋毫不犯，废除秦苛酷刑法，与秦民约法三章，秦国百姓无不想拥戴你在关中为王。根据当初诸侯的约定，大王理当在关中称王，关中的百姓都知晓。可大王失掉应有的封爵而被安排在汉中做王，秦地百姓无不怨恨项王。现在大王起兵向东，攻三秦的属地，只要号令一声即可收服。"

刘邦听后大喜，深感得到韩信太晚。对韩信言听计从，部署诸将准备出击。

【小中见★】

韩信对项羽的一番评价可谓是精辟至极，既说出了刘邦的不足和优势，也点出了项羽的最大弱点，让刘邦恍然大悟，懂得了如何对待项羽这样的骄傲对手。老子《道德经·第二十八章》中写道："知其雄，守其雌，为天下溪，常德不离，复归于婴儿。知其白，守其黑，为天下武。为天下武，常德不忒，复归于无极。知其荣，守其辱，为天下谷。为天下谷，常德乃足，复归于朴。朴散则为器，圣人用之，则为长官，故大智不割。"这里面隐含了一个什么道理呢？也就是说雄壮却宁愿处在雌伏状态这样才可以成为天下的溪谷，知道清白明亮的幸福，却仍旧愿意承担黑暗的痛苦，成为天下的法则，能为天下人做法则。

刘邦正是利用了这种思想让自己潜伏在贫穷和混乱的人间，用一颗智慧的心收纳来自各个方面的溪流，并以礼待之，最终成为了一个赢家。

　　对于企业领导者来说在企业的发展中是要承受很多的压力，比如在企业的攻坚阶段，有的员工会像跟随刘邦去蜀中结果半路上忍受不了艰苦而逃跑的人一样。这些压力给领导带来了很大的痛苦，不是来自环境的艰难，而是来自内心那种不安稳，不被员工所信任的感觉。企业若是能像刘邦一样有一定的厚黑学功力，坚持不懈地度过人生的最低潮，结果必定是黄天不负有心人的。企业领导要有一种知白守黑，知荣守辱的人格魅力，才会让人才跟着你不离不弃。

8. 高超领导，恩感并施

　　历史被人写了一遍又一遍，可是英雄的人物就是那么几个，不管是到了谁的笔中是智者永远都是智者，是庸人无论怎么掩盖都不会变为智者。刘邦是第一个登上皇帝宝座的布衣皇帝，也是开创了大汉文化的先人，可以说他用文化将四分五裂的国家统一了起来。这是因为他将楚文化和汉文化结合在一起，融合了各个地方的文化，统一了人们的思想，以儒家思想为主，让人们从意识上有了一致的看法。在作战的战略上，刘邦思维灵活，识得大局，懂得以退为进，根据时局改变自己的作战方针。在为人处事上，他的"忍"字功夫把厚黑二字阐述的相当的精彩和准确，恐怕历史上能和他相比的没有几个人了。他做人很懂得"攻心术"，也就很善于利用人们内心深处最温柔的一面和最弱的一点来下手，他不惜重金收买人心，也不惜重金来封赏建功立业者。靠着大量的封金和封地，刘邦利用人们感恩图报的心理让人才都聚拢到自己的身旁。在方针政策的选择上，刘邦懂得听取贤者之言，只要别人说的比他好，只要别人说

刘邦：最厚黑的草根企业家

出了他想不到的但确实行得通的道理，他立即就会采纳。在创办企业的过程中刘邦对待员工犹如自己的兄弟姐妹一般，不摆一点的架子，不拿一点做官的样子，不说一句官腔话。他就像是一个普通的人，却善于掌控着别人的思想。在思想上，他先是封王封地，安稳人心，后期又加强中央集权，把最高的权力紧紧地握在自己的手中。在治理上，他文理兼用，用一个足以和现代观念相媲美的企业管理理念将汉朝的各个方面都达到了让后人敬佩的境地。

刘邦本身是一个很不被人看好的人，最后却成为最有领导艺术的高手，备受企业管理者的关注。历史不能重演，但是刘邦所使用的领导艺术却被传承下来，作为一个正在努力创造企业的人也好，作为一个带领企业革新的领导也好，都要学习一点刘邦的管理技巧，相信对大家是一个很好的提高。

【典故回放】

公元前201年有人告韩信窝藏项羽的大将钟离昧，意在谋反。刘邦不知道怎么办才好，于是向各位大臣讨教。许多将领要求立刻征兵讨伐。陈平却说："韩信兵精将勇，恐讨伐有一定的难度。南方有个云梦泽，陛下可以借游云梦泽为由，在陈地大会诸侯，到时候用一两个大力士将其擒获即可。"

刘邦将到楚国时，韩信想去谒见刘邦，又怕被擒。有人劝他说："大王是听说你收留了项羽的臣子钟离昧才认为你背叛了。你只要把钟离昧的人头献给陛下就可以保你无事。"

韩信与钟离昧商量此事，钟离昧劝道："汉王已经知道你要谋反，不敢来攻你，就是因为我们在一起。如果你把我杀了，去见汉王，你也回不来了。"韩信不听他的劝告，钟离昧大怒："公非长者"。又怒言道："我今天死了，你也活不成了"。随即自刎。于是韩信持钟离昧的首级去谒见刘邦。刘邦令武士把韩信捆绑起来，放在随从皇帝后面的副车上。韩信愤怒地说道："果然是狡兔死，狼狗烹；高鸟尽，良弓藏；敌国破，谋臣亡。天下已定，我固该烹。"

回到洛阳，刘邦又赦免了韩信的罪过，改封他为淮阴侯。韩信被贬之后，常觉得与灌婴等人为伍感到耻辱，于是就称病不去上朝。

【小中见大】

刘邦对韩信的处置可谓是尽显了管理者的高超艺术。在游云梦泽这一件事上，刘邦先是设法将韩信逮捕，等到到了洛阳又显示出一个爱才的面孔，将韩信降为淮阴侯。也就是说，你看你虽然犯了错误，但我还是没有责怪你多少，还是让你做了官，你应该感恩才对啊！这里，刘邦恩威并施，采用了胡萝卜加大棒的方式充分展示了他的领导技巧。

作为现代企业的管理者，我们所要学习的是刘邦的这种管理思想，灵活得当。我们知道假若一个人的思想顽冥不化，总是认为凡事应该按照着一个模式走，当初秦始皇是如何管理人才的，今天我也该如何管理人才。企业领导者应该知道时代变化了很多的东西都不一样了，只有以事实为基础，改变自己的管理策略才会做到滴水不漏让企业领导的风范展示出来。刘邦的时代是和我们不同了，但是有的东西还是鲜活地留在了我们的记忆深处。这个由平民走向皇帝的历程给了我们很多的思索，他的每一步成功，每一步艰辛都见证了智者是无敌的，只要有恒心，只要有勇于革新的观念，顺势局而变，最终会成为一代王者。

后序

刘邦：最厚黑的草根企业家

草根企业家成功大揭秘

  草根刘邦最终成为了赫赫有名的企业家，他既不是因为武功盖世，也不是因为才华横溢，更不是因为忠义两全。为什么就是这样一个心狠手辣，手段强硬的人戴上了企业家的桂冠呢？为什么不是韩信，不是项羽，不是张良呢？相信大家读完了这本书心中自有答案了。

  是的，是刘邦的厚黑经营理念成就了他。做人上，他圆滑无比。寄居项梁集团的时候表面上老老实实的，像极了一个忠心耿耿的员工，也让同事及上司对他另眼相看。创业期间对待自己的员工，会依据自己的情形而定，表面一套，心里一套，算盘打得很好，让每一个人都尽心尽力地出了汗马功劳；而随后觉得自己不需要这些有才之人了，在担心篡位的情况下，又是表面一套暗中一招的将那些或仍旧效忠于他的，或忍受不了他猜疑的人一个个削去兵权，用尽一切狠毒手段杀害了他们。在职场上，刘邦犹如一条滑溜溜的鱼，无论和谁都能混的像哥们儿，和项羽称兄道弟就是一个佐证。在管理上，刘邦做足了表面文章，无论是精神上还是物质上，无论是对待他人还是对待自己都做了很公正地对待，比如休养生息，让战士战罢归还。这看似是很宽厚地对待他们，但实质上却还是为自己服务。战士们回家去种地，种地的结果是什么呢？为国家贡献粮食啊，纳税啊！这些税收是供养皇帝这帮人用的，靠百姓吃饭，这算盘打得总是很划算的。可是，刘邦的高明就在这里，他所做的一切事情都会让人感恩戴德，人家吃了亏还会认为他对自己恩重如山。

作为成功的企业家，刘邦给现代的企业经营还带来了另外一个理念——十个海椒总有一个是辣的。什么意思呢？表面上是说你买十个海椒，总要有一个是辣的吧，大胆地多买一些，不要认为一个海椒不辣，其他的就也是一个味儿。这就告诉我们创业是需要大胆精神的，不管是失败也好，胜利也好，只有我们大胆一搏的时候才会知道最终的结局。英国的"劳埃德"保险公司是世界上保险行业中名气最大，生意最兴隆，盈利最多的保险公司，他每年的盈利可以高达60亿美元。劳埃德最自豪的事情就是"敢冒最大的风险，去赚更多的钱"，他们具有开拓创新精神。劳埃德的现任经理说他们最传统的宗旨就是在市场上争取最新形式保险的第一名。汽车诞生的时候，当时并没有汽车这一词语，劳埃德公司就把这些保险业务成为"陆地上航行的船"。正是他们的大胆创新的开拓精神使他们走向了世界，名气大了起来。刘邦在创业的期间也是很有闯劲的，他敢于起用对他潜藏威胁的人才，敢于用冒险精神解决问题，并敢于创建新的体制来发展自己的企业，比如开创汉文化。这就好比是一个企业文化，有了企业文化，企业才有了神韵，所以刘邦的帝业才算得上真正意义上的现代企业。

刘邦用自己的一套方法统治了天下，虽然他对人尤其是对自己有恩的人不是一般的狠心，但是刘邦的企业家精神却值得我们品味和学习。

刘邦的企业当然没有支撑多久就被吕后所篡权了，为什么会出现这种情况呢？这是刘邦的一个失败吗？从表面上看这是刘邦的一个小失误，由于他对女人的惧怕而导致了这种结果，由于他的不果断错失了一个好太子，一个优秀的继承人。后刘邦时代，吕后耍尽了威风。但是实际上当我们看到吕后没有支撑多久就倒台的时候，我们从心里还是要不得不佩服刘邦的厉害，为什么这么说呢？为什么会有人看不惯吕后的作为，为什么吕后就得不到像刘邦那样多的拥护者呢？我们可以从周勃至死都效忠刘邦的事迹上看出来，刘

刘邦：最厚黑的草根企业家

邦对他影响很大。刘邦真正地收买了周勃的心，以至于他在改朝换代后还想着刘邦的好处。这就是刘邦的高明之处，厚黑的最高境界。虽然他在企业还没有真正地度过危机的时刻死去，但他的高明却影响了他身边的人。

企业家刘邦创业年表

* 公元前256年，刘邦在今天的江苏丰县出生。

* 公元前209年，刘邦揭竿而起，成为一帮乌合之众的小头头。

* 公元前208年，刘邦开始西征灭秦，打造自己的梦想，同年击败秦公司的一个小分公司。

* 公元前207年，刘邦率领各色人才消灭秦都城主力军队，留下一个好听的传奇战役，名字叫蓝田之战。

* 公元前207年12月，刘邦第一个误打误撞进入了关中，吞并了秦朝公司最后一个强硬的分公司。颁布了自己集团首次制定的还不完备的条例——约法三章。

* 公元前206年，刘邦被项羽集团歧视，分了一个最没前途的工作，也是工资最低的工作，去最基层工作，和普通员工差不多。

* 公元前206年，刘邦危机之中获得了一个人人拍手叫好的人才韩信，并依照他的计谋，明修栈道，暗度陈仓，还定三秦，开拓了一片自己的公司基地。

* 公元前205年，刘邦创业遭到挫折，彭越之战败得很惨很惨。

* 公元前203年，刘邦转败为胜，成皋之战以少胜多。灭了两个和他过不去的楚将——曹咎和司马欣。后又遭失败，不过死里逃生，企业又从"荥

刘邦：最厚黑的草根企业家

阳被困"事件中解脱出来。

* 公元前202年，项羽集团和刘邦集团达成鸿沟协议都后退一步，其实两个集团的力量已经差不多了，谁也不能轻易地就被扳倒。

* 公元前202年，刘邦在最终分出胜负的竞争中以多胜少，打败了项羽的楚集团。

* 公元前202年，刘邦又平定了南方，为企业的名气打下了基础。

* 公元前202年2月，刘邦坐上了集团老总的位置，把企业总部建立在定陶。

* 公元前202年5月，刘邦把总部搬到长安。

* 公元前202年到公元前195年，分别制定了有利于企业发展的公司制度，让企业逐渐走上正轨。

* 公元前202年，在边远地区闽南一带开公司，实行一些特殊的公司管理法，叫做少数民族自治政策。

* 公元前201年，大汉公司内部领导开始发生矛盾，燕王臧荼发生叛乱，刘邦出手平叛。

* 公元前200年，韩王信投靠外地匈奴公司，刘邦由于轻视对方公司的实力，一时间陷入了白登之围。

* 公元前200年，刘邦令公司文职人员制定企业礼仪。

* 公元前199年，与匈奴实行互赢谈判，刘邦领兵亲征，平定韩王信余寇。

* 公元前199年，刘邦下令将有实力的将领员工迁到总部的周围，以加强管理，防止有复辟的势力再起。

* 公元前198年，刘邦处理了重要领导人罐高的谋反事件。

* 公元前197年，刘邦又打击了赵国小公司的领导陈豨的叛乱。

* 公元前196年，收购越南赵佗的一个小公司，统一了企业的各方布局。同时使特殊公司的领导人互相牵制。

* 公元前 196 年，刘邦平定内部英布的叛乱。

* 公元前 195 年，刘邦触景生情，作了最有名的《大风歌》、《鸿鹄歌》，抒发了一生的感慨。

* 公元前 195 年，刘邦下命令招聘有各种技能的人才。

* 公元前 195 年 4 月 25 日，西汉企业最高领导人刘邦去世，终年 62 岁。